Anselm Grün
Bernd Deininger

GLAUBE UND VERNUNFT

Der sinnstiftende
Grund von Religion

Vier-Türme-Verlag

Inhalt

Vorwort 9

Anselm Grün
Das Kreuz als Versöhnungsort 13
Römer 3,21-26

Bernd Deininger
Hoffnung wider alle Hoffnung 19
Römer 4,16-21

Anselm Grün
Die Liebe Gottes ist ausgegossen
in unsere Herzen 27
Römer 5,1-8

Anselm Grün
Die Taufe als Neuschöpfung 31
Römer 6,3-8

Anselm Grün
Der Geist der Sohnschaft 35
Römer 8,14-17

Anselm Grün

Die Hoffnung auf die Erlösung der Welt 39

Römer 8,18–25

Anselm Grün

Die alles überwindende Liebe Gottes 43

Römer 8,31–39

Bernd Deininger

Was bleibt am Ende übrig? 47

1 Korinther 3,9–15

Bernd Deininger

Was ist ewiges Leben? 55

1 Korinther 15,12–20

Anselm Grün

Rettung aus der Todesnot 63

2 Korinther 1,8–10

Anselm Grün

Wir schauen wie in einem Spiegel 67

2 Korinther 3,17f

Anselm Grün

Gott als Licht 73

2 Korinther 4,6

Anselm Grün

Der Schatz in zerbrechlichen Gefäßen 77

2 Korinther 4,7-12

Anselm Grün

Der innere und äußere Mensch 83

2 Korinther 4,16-18

Anselm Grün

Aus dem Leib auswandern 87

2 Korinther 5,1-9

Anselm Grün

Neue Schöpfung 91

2 Korinther 5,14-17

Anselm Grün

Die Botschaft von der Versöhnung 95

2 Korinther 5,18-21

Anselm Grün

Die mystische Erfahrung 99

2 Korinther 12,1-5

Anselm Grün

Die Erfahrung der Schwachheit 103

2 Korinther 12,7-10

Bernd Deininger

Selbstakzeptanz – Ein Weg zur inneren Reifung . . 107
Galater 2,11-21

Bernd Deininger

Ich bin auch ein Teil des anderen 117
Galater 3,23-28

Bernd Deininger

Wir selbst sind Geschenk 127
Philipper 4,15-19

Bernd Deininger

Über den Sinn von Religion 135
2 Thessalonicher 3,3-5

Bernd Deininger

Vom Gefühl der Scham und der Besonnenheit . . . 143
2 Timotheus 1,7-10

Literatur 153

Vorwort

Fides quaerens intellectum, der Glaube, der nach Einsicht sucht – dieses Motto, dem Anselm von Canterbury in seiner Theologie folgte, leitet auch Bernd Deininger und Anselm Grün, wenn sie in diesem Buch zentrale Paulustexte auslegen. Es geht ihnen darum, die uns auf den ersten Blick oft unverständlichen Texte aus seinen Briefen so auszulegen, dass wir sie verstehen, dass wir sie mit unserer Vernunft durchdringen. Dabei stehen die für uns Christen zentralen Themen wie Erlösung, Auferstehung und ewiges Leben im Mittelpunkt. Den biblischen Text zu verstehen bedeutet immer auch, sich selbst besser zu verstehen und ein Gespür für das Geheimnis Gottes und seines Handelns an uns Menschen zu bekommen.

Wenn Anselm von Canterbury von *intellectus* spricht, dann meint er damit nicht einfach nur die *ratio*, die Vernunft, nicht ein rein rationales Verständnis. *Intellectus* bedeutet vielmehr *intus legere*, innerlich lesen, mit dem Herzen lesen, von innen her sehen, eine neue Sichtweise finden. So geht es den Autoren darum, dass die Leser und Leserinnen durch ihre Auslegung eine neue Sichtweise bekommen – nicht nur für die Texte, sondern vor allem für sich selbst, dass sie sich selbst im Licht dieser Texte so sehen, wie es ihrer Wirklichkeit entspricht. Jesus ist für Paulus der, der uns unsere eigentliche Wirklichkeit aufzeigt, der uns einweist in das Geheimnis unseres Menschseins und in das Geheimnis Gottes.

Religion ist nichts Fremdes, das wir einfach nur zu akzeptieren haben. Religion entspricht vielmehr der tiefsten Sehnsucht unseres Herzens. In der Tiefe des Herzens kennt jeder Mensch die Sehnsucht nach dem Geheimnis, das größer ist als er selbst, nach dem Geheimnis Gottes. Religion stiftet unserem Leben Sinn. Davon sind auch Psychologen wie Viktor Frankl und Roberto Assagioli überzeugt. Sie lässt uns unser Leben mit seinen Abgründen und Konflikten besser verstehen. Daher leitet die beiden Autoren dieses Buches bei ihren Auslegungen der Paulustexte die Überlegung: Wenn diese Worte stimmen, wer bin ich dann? Wie kann ich dann mein Leben verstehen? Wie kann ich Gott verstehen, der sich doch all unserem rationalen Zugriff entzieht? Welchen Sinn hat mein Leben, wenn ich den Worten des Paulus traue?

Noch eine andere Frage stellen sich die beiden Autoren: Welche Erfahrung hat Paulus gemacht, dass er diese Worte formulieren konnte? Es geht der Theologie nie nur um abstraktes Wissen, sondern immer auch um die Erfahrung. Wir können nicht mit Gewissheit sagen, was Paulus wirklich erfahren hat. Doch seine Worte sind Ausdruck dieser Erfahrung. Den Autoren geht es bei ihren Auslegungen darum, diese Erfahrung wieder sichtbar zu machen.

In der protestantischen Theologie hat man die Theologie des Paulus vor allem unter dem Aspekt der Rechtfertigung allein aus dem Glauben gesehen. Die mystische Dimension der Paulustexte hat man dabei oft genug übersehen. Gerade der 2. Korintherbrief ist ein durch und durch mystischer Text. Wir können ihn nur verstehen, wenn wir nach der mystischen Erfahrung fragen, die Paulus zum Schreiben dieser Texte gedrängt hat.

Heute ist sowohl die katholische wie die evangelische Theologie offen für die Mystik. Während Karl Barth und seine Nachfolger Mystik strikt ablehnten, hat vor allem Volker Leppin die mystischen Wurzeln der Theologie Martin Luthers in eindrucksvoller Weise beschrieben. Und so zitieren katholische und evangelische Theologen übereinstimmend gerne das berühmte Wort von Karl Rahner, dass der Christ der Zukunft ein Mystiker sein wird, einer, der Gott erfahren hat, oder aber er wird nicht mehr sein, er wird keine Rolle mehr spielen in dieser Welt.

Die mystische Erfahrung, die hinter den paulinischen Texten steht, möchte uns dazu anregen, den Glauben nicht nur vor unserer Vernunft zu rechtfertigen und ihn mit unserem Verstand einzusehen, sondern nach ähnlichen Erfahrungen zu suchen, die wir mit unserem Glauben machen. Daher geht es darum, was die frühen Mönche in ihrer *lectio divina*, in ihrer Weise, die Bibel zu meditieren, wollten: Gottes Herz in Gottes Wort zu entdecken, die Worte der Bibel zu schmecken und zu kosten, damit wir durch sie Gott selbst erfahren können. Die Erfahrung Gottes führt immer auch zu einer neuen Selbsterfahrung, zur Selbsterfahrung des erlösten Menschen, der mitten in dieser Welt von Gottes Geist durchdrungen ist und der diese Welt mit ihrer Todverfallenheit überwindet, weil er in sich schon das ewige Leben spürt, das Leben, das auch durch den Tod nicht aufgelöst werden kann.

Die paulinischen Texte stiften unserem Leben Sinn. Sie vermitteln uns mitten in unserer Welt, die uns oft beinahe verzweifeln lässt, eine Hoffnung, von der Paulus sagt, dass sie uns nicht zugrunde gehen lässt (vgl. Römer 5,5). Wer einen Sinn in seinem Leben erkennt, der kann es auch mit seinen Herausforderungen bewältigen. Schon Friedrich Nietzsche wusste, dass der, der ein »Wozu« hat, fast jedes »Wie« zu ertragen vermag. So sind die biblischen Texte eine Ermutigung, unser Leben zu wagen, auch wenn wir es angesichts der Verunsicherung durch Pandemie, Klimawandel und Krieg nicht durchschauen. Die Worte des Paulus führen uns in eine andere Welt, in die Welt des Glaubens, von der aus wir diese unsere zerrissene und aufgewühlte Welt bestehen und gestalten können. Dabei geht es aber nicht darum, aus dieser Welt zu fliehen, sondern darum, diese Welt aus dem Geist Jesu Christi heraus zu formen. Oder, wie es Paulus ausdrückt: »Hoffen wir aber auf das, was wir nicht sehen, dann harren wir aus in Geduld« (Römer 8,25). Dann haben wir mitten in der Haltlosigkeit dieser Welt einen Halt, von dem aus wir all dem standhalten können, was uns im Leben erschüttern kann.

Es gibt viele Weisen, die paulinischen Texte auszulegen. Die Autoren beanspruchen für sich nicht, dass man ihren Ausführungen unbedingt folgen müsse. Sie haben ihre Erfahrungen als Psychoanalytiker und als Seelsorger als »Brille« benutzt, um auf die biblischen Worte zu schauen. So entstand ein Dialog zwischen ihren Erfahrungen und denen des Paulus. Auslegung bedeutet immer Dialog. So wollen die Autoren die Leser und Leserinnen dazu ermutigen, den Dialog zwischen ihren eigenen Erfahrungen und denen des Paulus zu führen, sich dadurch selbst besser zu verstehen und offen zu werden für das Geheimnis Gottes, das alles menschliche Verständnis übersteigt.

Anselm Grün, Bernd Deininger

Anselm Grün

Das Kreuz als Versöhnungsort

RÖMER 3,21-26

Dieser Abschnitt ist einer der zentralen, aber zugleich auch der schwierigsten Texte des Römerbriefs des Paulus. Er ist vielfach übersetzt und damit auch interpretiert worden, auf sehr unterschiedliche, manchmal kontroverse Art und Weise. Es geht vor allem um Vers 25. Die Einheitsübersetzung deutet die Stelle so: »Ihn hat Gott dazu bestimmt, Sühne zu leisten mit seinem Blut, Sühne, wirksam durch Glauben.« Jesus hat nach dieser Übersetzung also am Kreuz unsere Sünden gesühnt. Doch wenn wir den Text genauer anschauen, ist hier nicht vom Sühnetod die Rede. Paulus nutzt das Wort *hilasterion*. Dieses Wort bezeichnete die Auflage auf der Bundeslade, dem Allerheiligsten im jüdischen Glauben, auf der symmetrisch zwei Keruben angebracht waren. Paulus will damit sagen: Gott hat am Kreuz Christus als öffentlichen Versöhnungsort aufgestellt. Wir brauchen jetzt nicht mehr wie der Hohepriester in das Allerheiligste des Tempels einzutreten, zu dem die einfachen Gläubigen keinen Zutritt hatten. Wenn wir auf Christus am Kreuz schauen, ist er für uns der Ort der Versöhnung. Doch wie sollen wir das verstehen? Für Paulus galt gemäß dem Wort aus dem Buch Deuteronomium jeder als verflucht, »der am Pfahl hängt« (vgl. Galater 3,13 und Deuteronomium 21,23). Nun ist ihm aber vor Damaskus dieser Jesus als Auferstandener begegnet. Das war für Paulus eine umwerfende Erfahrung. Wenn der, der nach außen hin verflucht erscheint, von Gott in der Auferstehung als Herr und Fürsprecher bestätigt worden ist, und wenn Paulus, der gegen diesen Jesus kämpfte, nicht verurteilt wird, sondern von ihm zum Verkünder seiner Botschaft bestellt wurde, dann heißt das für Paulus: In Christus bin ich ganz und gar angenommen, noch bevor ich alles wiedergutmache, was ich falsch gemacht habe. Und mit mir sind alle Menschen, die an Christus glauben, bedingungslos angenommen. So trauen sie sich wieder, vor Gott zu treten. Denn wer sich als verflucht fühlt oder als schuldig erfährt, der schämt sich – wie Adam und Eva –, vor Gott zu treten. Also ist Christus am Kreuz für uns der Ort der Versöhnung, an dem wir uns wieder mit Gott verbunden fühlen, an dem wir erfahren dürfen: Es gibt keine Schuld, die uns von Gott trennt. Denn Gott selbst hat am Kreuz die Menschen mit sich versöhnt.

Die Auflage mit den Keruben – im Hebräischen *kapporaet* – ist auch der Ort, von dem aus Gott zum Volk gesprochen hat. Das Kreuz ist für uns Christen also der Ort, von dem aus Gott öffentlich zu uns allen spricht. Wir brauchen nicht mehr die Vermittlung eines Priesters. Gott spricht unmittelbar zu uns und er spricht Worte der Versöhnung, der Ermutigung, Worte, die uns verkünden: Du bist geliebt. Christus, der auch für dich gestorben ist, zeigt dir seine Liebe, die stärker ist als der Tod.

Das Sühnemal ist für uns nur zugänglich durch den Glauben. Paulus spricht aber auch vom Blut Jesu. Durch den Glauben und kraft seines Blutes haben wir Zugang zum Versöhnungsort am Kreuz. Blut war für die gläubigen Juden zur Zeit des Paulus immer ein Bild für das Leben, für die Liebe und für die Hingabe. Das Blut Jesu erinnert zudem an das Blut, mit dem der Hohepriester die Auflage über der Bundeslade am Versöhnungstag besprengte. Blut galt also im Judentum immer auch als etwas, was reinwäscht. Das bezieht nun Paulus auf den Tod Jesu. Wir müssen uns jedoch dabei immer daran erinnern, dass Paulus Bilder nutzt und keine Theorie aufstellt. Das Geheimnis der Versöhnung, die am Kreuz geschehen ist, wird durch die Bilder erklärt, die dem Apostel das Alte Testament und die jüdische Auslegungstradition bieten. Daher ist hier das Blut ein Bild für eine Liebe, die so stark ist, dass sie uns von aller Schuld und allen Selbstvorwürfen reinigt.

Der evangelische Professor für Neues Testament Peter Stuhlmacher bezieht sich auf die jüdische Auslegungstradition, wenn er meint, dass Paulus hier »christliche Lehrtradition aufnimmt und sie kommentiert« (Stuhlmacher 55), indem sie auf die Sichtweise des Frühjudentums zurückgreift, das die Folgen des Sündenfalls in Genesis 3 »als Verlust (oder auch Entkleidung von) der dem ursprünglichen Menschenpaar im Paradies eignenden herrlichen Seinsweise der Geschöpfe Gottes in Unschuld und Gerechtigkeit« (Stuhlmacher 55) deutete. Er zitiert eine Stelle aus einer apokryphen Schrift des Alten Testaments, der Moseapokalypse, in der Eva nach dem Sündenfall klagt: »Und zur selbigen Stunde wurden mir die Augen aufgetan, und ich erkannte, dass ich entblößt war von der Gerechtigkeit, mit der ich bekleidet gewesen. Da weinte ich und sprach (zum Versucher in Gestalt der Schlange): Warum hast du mir das angetan, dass ich entfremdet war von der Gerechtigkeit, mit der ich bekleidet war?« (Stuhlmacher 55). Adam beklagt sich in der gleichen Schrift bei Eva: »Was hast du uns da angerichtet? Entfremdet hast du mich von der Herrlichkeit Gottes!« Paulus geht von dieser Vorstellung aus, wenn er schreibt: »Alle haben sie gesündigt, und es fehlt ihnen die Herrlichkeit Gottes« (Römer 3,23). Die »Herrlichkeit Gottes« war in der jüdischen Tradition gleichgesetzt mit Gerechtigkeit (vgl. Stuhlmacher 57). Da dieser Verlust durch menschliches Bemühen nicht auszugleichen ist, hat Gott selbst aus freiem Gnadenentschluss diese Herrlichkeit dem Menschen »umsonst« wieder geschenkt.

Wir verstehen »Gerechtigkeit Gottes« und »Rechtfertigung durch Gott« oft als juristische Begriffe. Dann wirken sie sehr abstrakt. Wenn wir aber das Bild der Moseapokalypse als Hintergrund nehmen, bedeutet Rechtfertigung aus dem Glauben, dass Gottes Gerechtigkeit uns die ursprüngliche Herrlichkeit wieder schenkt, die wir im Paradies hatten. Und weil wir wieder die ursprüngliche Schönheit durch Christus erhalten haben, können wir als die, die sich von Gott entfernt hatten, die sich wie Adam und Eva vor ihm versteckt haben, wieder in seine Nähe kommen. Wer sich schuldig fühlt, traut sich nicht, sich Gott zu zeigen. Doch wenn Gott uns die Sünden vergibt und uns dadurch die ursprüngliche Herrlichkeit wieder schenkt, trauen wir uns, vor ihn zu treten.

Der Ort, an dem uns die Gerechtigkeit Gottes aufgeht, ist für uns Christen das Kreuz. Hier wird die ursprüngliche Gemeinschaft, die Adam und Eva im Paradies mit Gott erfahren durften, auch für uns wieder erfahrbar. Das Sühneritual, das der Hohepriester jedes Jahr wiederholte, war für die Juden ein Versöhnungsritual. Die Sünde trennt uns von Gott. Es zerstört die Gemeinschaft mit ihm. Daher war das Versöhnungsritual entlastend. Man fühlte sich wieder mit Gott versöhnt und traute sich, ihm im Tempel nahezukommen. Paulus sagt nun: Wir brauchen nur auf das Kreuz zu schauen. Dann dürfen wir darauf vertrauen, dass Gott uns unsere Sünden erlassen hat und wir uns ihm wieder frei und offen zeigen können.

Stuhlmacher meint nun, diese Neuinterpretation des Versöhnungsrituals würde auf Stephanus und seine Anhänger zurückgehen und sei dann durch die versprengten Christen aus Jerusalem nach Antiochien gelangt. »Dort ist sie Paulus bekanntgeworden und wahrscheinlich auch jenen unbekannten Missionaren, die den christlichen Glauben nach Rom gebracht haben« (Stuhlmacher 56). Der Tod Jesu am Kreuz hat das alttestamentliche Sühneritual vollendet und abgelöst.

Paulus hat vor Damaskus bei seinem Umkehrerlebnis erfahren, dass er von Christus bedingungslos angenommen ist, obwohl er seine Jünger verfolgt hatte. Er erfuhr in diesem Erlebnis die Versöhnung mit Gott, ohne dass er die Gesetze bis ins Letzte erfüllen musste. Er erfuhr die Gnade Gottes, die ihm nicht aufgrund seiner Leistung geschenkt wurde, sondern aufgrund der Liebe Gottes. Er hat sich also nicht aufgrund seines Glaubens als gerechtfertigt erlebt, sondern aus der reinen Gnade und Zuwendung Gottes heraus. Paulus antwortete auf diese Erfahrung mit seinem Glauben. Und er erfüllte die Sendung, die Jesus ihm in diesem Erlebnis aufgetragen hat, mit ganzem Eifer. Er verkündete die Botschaft von der Versöhnung und Rechtfertigung, die er am eigenen Leib erfahren hatte, nun allen Gemeinden. Darin sah er seinen Auftrag. Er verkündete also keine Lehre, sondern eine Erfahrung, die er dann aber in einem Glaubenssatz ausgedrückt hat, sodass alle Menschen an dieser Erfahrung teilhaben können. Durch diese Erfahrung ist Paulus ein neuer Mensch geworden. Daher kann er die Rechtfertigung durch Gott auch einen Schöpfungsakt nennen, durch den wir zu neuen Menschen werden. Die Schuld lastet nicht mehr auf uns, wir sind von ihr befreit und können so aufrecht unseren Weg mit Gott gehen. Dieses neue Sein wird uns in der Taufe zugesprochen.

Wenn ich die Gedanken des Paulus in meine persönliche Wirklichkeit hinein übersetze, bedeuten sie für mich: Ich bin von Gott bedingungslos angenommen. Ich muss mich vor Gott nicht beweisen, ihm keine guten Werke vorweisen, damit ich von ihm geliebt werde. Aber das heißt nicht, dass ich nicht an mir arbeiten soll. Vielmehr soll ich aus dieser Erfahrung des bedingungslosen Angenommenseins jetzt auch andere Menschen bedingungslos annehmen. Ich soll mit meinem Leben meine Dankbarkeit Gott gegenüber ausdrücken und mich vom Geist Jesu leiten lassen. Ein zweiter Gedanke hilft mir dabei: Rechtfertigung bedeutet, dass Gott mich durch Jesus Christus wieder mit der ursprünglichen Herrlichkeit schmückt, die Adam und Eva hatten. Das heißt für mich: Durch Christus komme ich in Berührung mit dem unverfälschten, unberührten, unbefleckten Selbst, das auf dem Grund meiner Seele ist. Wenn ich mit diesem Selbst in Berührung bin, erfahre ich innere Freiheit, Weite, Schönheit und Dankbarkeit. Dann bin ich auch fähig, mich anderen Menschen ohne Vorurteile zu nähern. Ich sehe in ihnen ebenfalls Gottes Herrlichkeit aufstrahlen. So ist die Theologie der Rechtfertigung aus dem Glauben keine bloße Theorie. Sie führt zu einem neuen Verhalten. Aus der Erfahrung des neuen Seins, das uns in Christus geschenkt wird, strömt auch ein neues Tun. Aber das Sein steht vor dem Sollen, die Erfahrung vor dem Handeln.

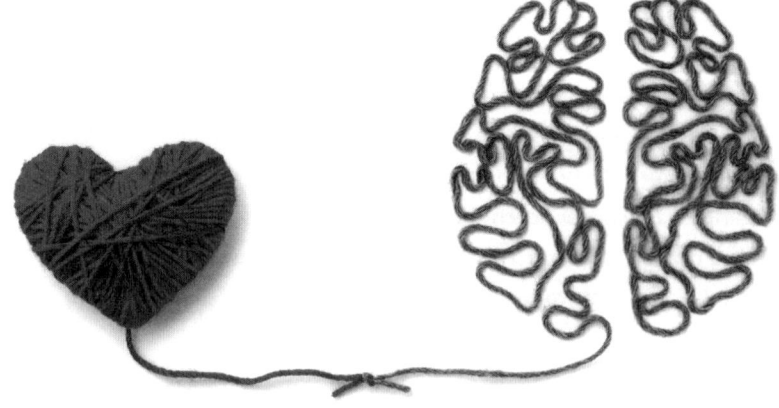

Bernd Deininger

Hoffnung wider alle Hoffnung

RÖMER 4,16-21

Der Begriff der Hoffnung spielt sowohl in der griechischen Antike als auch im Christentum eine zentrale Rolle. Allgemein gesprochen könnte der Begriff als menschliche Zukunftserwartung im guten wie im schlechten Sinn verstanden werden. Wir Menschen wissen alle um die stets unsichere Zukunft, dennoch haben wir eine Neigung dazu, uns illusionären Hoffnungen hinzugeben und Erwartungen zu hegen, die unrealistisch sind. Für den Philosophen Immanuel Kant sind die Grundfragen der Hoffnung nur postulatorisch aussagbar, da sie Gegenstände betreffen, über die rational kaum etwas ausgesagt werden kann. Dazu zählen zum Beispiel die Annahme der Existenz Gottes, der Unsterblichkeit der Seele oder der Freiheit des Willens. All diese Dinge sind nach Kant weder im menschlichen Wissen verankert noch durch menschliches Wollen möglich.

Aus psychoanalytischer Perspektive ist Erwartung und Hoffnung jedoch als dem Leben selbst immanent zu verstehen. Besonders bei krebskranken Menschen im Endstadium, nachdem sie den Lebenskampf von innen heraus aufgegeben haben, kann sich eine illusionär gewordene Hoffnung auf eine Zukunft entwickeln, die sich von jedem bestimmten Ziel unabhängig zeigt. Das wäre dann das Paradox einer Hoffnung wider alle Hoffnung, die aber durchaus ihre Berechtigung hat. In vielen Gesprächen mit Betroffenen hat sie eine beruhigende und heilende Wirkung gezeigt. Dabei habe ich festgestellt, dass diese Hoffnung nicht erzwingbar ist, sondern eher mit einer Gunst oder einem Geschenk beziehungsweise einer Gnade verbunden bleibt, wie sie auch den theologischen Tugenden Glaube, Liebe und Hoffnung im besonderen Maß zugesprochen wird.

In seinem Buch »Prinzip Hoffnung« hat sich Ernst Bloch in ganz besonderer Weise mit dieser Thematik auseinandergesetzt. Für ihn steht nicht die Hoffnung von Schwerkranken und existenziell Verzweifelten, die sich individuell auf sich selbst zentrieren, im Vordergrund, sondern für Bloch geht es um das Heil als Weltzustand. Es gilt, die Welt zur Heimat zu machen. Statt einer Erlösung von ihr soll eine Versöhnung mit ihr stattfinden. Zusammengefasst heißt das für Bloch: Hoffnung meint die Weigerung, sich der Resignation zu ergeben. Im Weiteren führt er aus: Wir sind als Menschen vorsehende Wesen, wir sind von Natur aus utopische Wesen, zum Unterschied von den Tieren. Die Antizipation ist unsere Kraft und unser Schicksal (Traub/Wieser). Da die Hoffnung mit dem menschlichen Dasein selbst gegeben ist, bedeutet es den Zukunftsbezug des Menschen, sofern er etwas für sich erwartet, ersehnt oder wünscht. Dies hat für uns Menschen insbesondere auch auf unsere Endlichkeit und den Tod bezogen eine bedeutende theologische Dimension.

Auf das Neue Testament bezogen ist die weitaus überwiegende Zahl der Belege vom Gottesbezug von der Hoffnung geprägt. Zunächst wäre hier die Auferstehungshoffnung zu nennen, die auch im genannten Römertext angesprochen ist. In dieser Auferweckungshoffnung wird dargestellt, dass das Ende der menschlichen Möglichkeiten nicht zugleich das Ende der Möglichkeiten Gottes sein wird. Zitiert wird Abraham, der gegen alle Hoffnung durch Hoffnung daran glaubte, dass er Vater vieler Völker werden würde. Er glaubte also genau das Gegenteil von dem, was im Bereich begründbarer menschlicher Hoffnung gelegen war. Der Glaube, den Abraham in sich trug, stützte sich auf die Wirklichkeit des Schöpfers, alles möglich zu machen und selbst die Fähigkeit zu haben, Tote aufzuerwecken.

Theologisch ist von Hoffnung erst dort zu sprechen, wo allein das Unsichtbare, allein die Wirklichkeit Gottes die Grundlage bildet. Für

Paulus gründet sich diese Hoffnung wider alle Hoffnung zudem auf zwei wesentlichen Punkten. Der eine ist, dass Jesus nicht dem Tod überlassen blieb, der andere, dass die Schöpfung existiert statt des Nichts. Insofern bezieht sich über diese beiden Punkte die Hoffnung auf Gott, der aus dem Nichts alles schafft und Tote ins Leben zu rufen vermag. Die Erwartung, dass dies wahr ist, ist die Begründung für die Hoffnung des Glaubens.

Warum und wozu ist überhaupt etwas und nicht nichts? Dies ist eine der Ursprungsfragen der gesamten Philosophie. Dass etwas ist, ist evident. Wir setzen all die Dinge, die uns umgeben, als selbstverständlich voraus. Indes trägt nichts, was es im Sein gibt, also all das, was wir in Erfahrung bringen, den Erhaltungsgrund unmittelbar in sich selbst. Es könnte sein und es kann auch nichts sein. Wenn nun aber alles Seiende einmal sein Sein einbüßen wird, muss man fragen, ob nicht im Grund alles nichts und nichtig ist. Diese Position wird im Nihilismus vertreten. Auch der Naturalismus kommt dieser Ansicht sehr nah, wenn er allenfalls bewusst- und leblosen Entitäten dauerhaftes Sein zuschreibt.

Unser bevorstehender Tod wird unser Leben zu Ende bringen und mit ihm jedes tatsächliche und mögliche Bewusstsein von der Welt. Es gibt deshalb viele Menschen, die sagen, mit dem Tod sei alles aus und zunichte, im Tod erwartet uns das Nichts. Aber setzt dieses Nichts nicht immer ein Etwas voraus – subjektiv denjenigen, der von ihm spricht, objektiv das gelebte Leben, das der Tod zwar beendet, ohne es aber vernichten zu können? Denn auch der Tod kann gelebtes Leben nicht rückgängig machen, das Gewesensein des Lebens ist evident. Oder anders ausgedrückt: Was einmal war oder aktuell ist: Es ist gewesen und nicht nicht gewesen. Ein im Tod beendetes Leben bleibt gewesen, und zwar auch dann, wenn sich kein Mensch mehr an uns erinnert. Der Tod als Tod ist unserer Selbst- und Welterfahrung entzogen und unzugänglich. Wir haben kein Erfahrungswissen von ihm. Insofern ist Sein oder Nichtsein angesichts des Todes eine Elementarfrage des Menschen, die er von sich aus nicht zu beantworten vermag.

Der deutsche Philosoph und Theologe Friedrich Schleiermacher hat dies in etwa so ausgedrückt, dass weder durch Wissen noch durch Tun, weder durch Denken noch durch Handeln, weder durch Metaphysik noch durch Moral dem Tod beizukommen sei. Auch der Theologe hat keine wissenschaftliche Antwort zur Verfügung, sondern ist wie alle, die im Schatten des Todes stehen, auf das religiöse Verhältnis und damit auf Gott sowie den Glauben verwiesen, der der Verheißung Gottes vertraut. Nur weil wir uns im Tod auf den verlassen können, der aus dem vergänglichen Nichts in beständiges Sein zu rufen und aus dem Tod zum ewigen Leben zu erwecken vermag, sind wir nicht verlassen, und zwar selbst dann nicht, wenn wir uns so fühlen. In diesem Vertrauen besteht die wahre Hoffnung wider die Hoffnungslosigkeit angesichts drohendem Nichtsein im Tod.

Der Gott, dem Abraham und Paulus begegnet sind, definiert sich gegenüber dem Tod und Gegenüber dem Nichts. Er bewährt sich als Gott, wo der Mensch nicht mehr sein und sich nicht mehr bewähren kann. Bislang war sehr philosophisch und mit gesetzten Glaubensinhalten von Gott die Rede, aber der Gott, der die Toten lebendig macht, und der Gott, der ruft, was nicht ist, wurde bislang noch nicht emotional erfahren. Ich kann vielleicht noch weiter sagen, dass ich ihn mit allem Reden und Denken in ein theologisches oder philosophisches, psychologisches oder naturwissenschaftliches System presse. Ich versuche dann, Gott im Denken zu erfassen, und schließe mich darin den Gedanken aller Menschen an, was wir gegenüber dem Nichts und dem Tod an Erklärungen versuchen. Dies könnte dann bedeuten, dass Gott in ein System von Religion, Politik und Wissenschaft hineingedacht wird, doch letztendlich nur so, wie wir über ihn reden. Damit ist aber nicht gesagt, wo wir diesem Gott Abrahams und Paulus begegnen können.

Um Gott emotional zu erfahren und nicht über ihn zu reden, bedarf es immer wieder des Blickes auf die eigene Lebensgeschichte. Nur in den Begegnungen mit mir selbst und in der Geschichte mit anderen Menschen kann ich Gott erfahren. In Erfahrungen, die mich mit anderen verbinden oder von ihnen trennen. Ich habe ihn erfahren, wenn ich in Ängste falle, die ich habe, aber auch, wenn ich das Glück spüre, das ich mit anderen erleben kann.

Was wir an der Geschichte von Abraham lernen können: Es ist wichtig, sich Zeit zu lassen, um Gott wirklich zu erfahren. Bei Abraham hat es fast einhundert Jahre gedauert. Gott lässt sich Zeit mit uns und mit mir, und wir alle dürfen uns Zeit lassen mit ihm. Wie oft habe ich im Kontakt mit meinen Patienten mich selbst hoffnungslos und innerlich leer gefühlt. Wie oft hatte ich schon die Hoffnung, dass es den mir anvertrauten Menschen irgendwann einmal besser gehen könnte, aufgegeben. Wie oft habe ich schon geglaubt, dass nichts mehr zu erwarten oder zu entwickeln ist. Aber gerade dann, wenn sich die Hoffnungslosigkeit ausgebreitet hat, wenn ich nur noch die Hoffnung wider alle Hoffnung hatte, konnte ich in meinem Leben Erfahrungen machen, dass Gott den Satz »Was nicht ist, das sei!« ernst meint.

Ich erinnere mich noch an eine damals 25-jährige Frau, die zu mir in Behandlung kam, da sie ihr zweites Studium abgebrochen hatte. Sie fand keinen Sinn in ihrem Leben und tragfähige Beziehungen konnte sie nicht herstellen. Es hatte sich bei ihr ein Gefühl von innerer Leere, Sinnlosigkeit und Weltflucht so ausgeformt, dass sie antriebslos, verzweifelt und häufig unkontrolliert weinend zu Hause saß. Bei der Anamneseerhebung wurde deutlich, dass sie als uneheliches Kind geboren worden war. Die Mutter hatte sie allein aufgezogen, war schon knapp vierzig Jahre alt gewesen bei ihrer Geburt und hatte ihr nie gesagt, wer ihr Vater war. Darunter hatte sie sehr gelitten, und obwohl sie mit der Mutter oft darüber sprach, verweigerte diese ihr eine Antwort. Sie spürte, dass es für sie wichtig gewesen wäre, auch ihre väterliche Wurzel zu kennen. Zumindest wollte sie wissen, aus welchem Kulturkreis ihr Vater stammte, da sie selbst eine etwas dunklere Hautfarbe hatte.

Etwa ein halbes Jahr, bevor sie mich aufsuchte, hatte die Mutter die Diagnose Krebs bekommen, die eine schlechte Prognose hatte, sodass der Wunsch, von der Mutter zu erfahren, wer ihr Vater sei, noch drängender wurde. Sie konnte die Wut und den Ärger auf die Mutter, dass sie ihr dies verweigerte, nicht zulassen, da sie das Gefühl hatte, sie als krebskranke Frau nicht noch weiter belasten zu dürfen. In der Therapie gelang es ihr dann, die Schamgefühle der Mutter zu verstehen. Sie rührten daher, dass ihre Mutter sich eingestehen musste, nur durch die Geburt eines Kindes ihre weibliche Identität spüren zu können. Sie wollte mit dem Vater eigentlich gar nicht zusammenleben. Obwohl dieser gerne bei ihr geblieben wäre, hatte sie ihn weggestoßen, ihm gesagt, dass sie ihn nur zur Zeugung des Kindes benutzt habe und von ihm nichts wissen wolle.

Über den therapeutischen Prozess konnte meine Patientin dies von der Mutter in Erfahrung bringen. Weiter ließ sie sich allerdings nicht auf ein Gespräch ein, vielmehr entschuldigte sie sich bei meiner Patientin dafür, dass sie sie anfangs wohl aus Eigennutz auf die Welt gebracht hatte, sich im Lauf der gemeinsamen Lebenszeit dann aber innerlich korrigiert hatte und sie als eigenständiges Wesen akzeptierte, das unabhängig von ihren Wünschen ein eigenes Lebensrecht besaß. Die Mutter hatte ihr dann noch mitgeteilt, dass ihr Vater ursprünglich aus Algerien stammte, in Frankreich lebte und damals in der Stadt, in der sie ihn kennengelernt hatte, ein Auslandssemester absolvierte hatte.

Nach etwa einem Jahr verstarb die Mutter, und meine Patientin hatte sich zwar in einigen Bereichen mit ihr versöhnt, litt aber weiterhin darunter, dass sie ihren Vater wohl nie kennenlernen würde. Sie selbst hatte alle Hoffnung aufgegeben, in den Übertragungsgefühlen konnte ich das sehr deutlich spüren. Ich fühlte aber innerlich dennoch auch ein Gefühl der Hoffnung wider diese Hoffnungslosigkeit. Etwa ein Jahr nach dem Tod der Mutter erhielt meine Patientin einen Brief von einem Mann aus Frankreich, der ihr Vater war. Er hatte zu Lebzeiten der Mutter nicht gewagt, Kontakt mit ihr aufzunehmen, da er wusste, dass diese das nicht wollte. Er hatte aber regelmäßig beim Einwohnermeldeamt nachgefragt, ob die Frau noch lebte. Als er von ihrem Tod erfuhr, hatte er zu seiner Tochter Kontakt aufgenommen. Um es kurz zu machen: Es hat sich eine sehr gute Begegnung ergeben, und zwischen meiner Patientin und ihrem Vater ist ein intensiver Kontakt entstanden, der auch ihren Heilungsprozess erheblich befördert hat. Zehn Jahre nach dem Ende ihrer Behandlung schrieb sie mir unvermittelt einmal eine Weihnachtskarte, auf der sie mir mitteilte, dass sie nach wie vor zu ihrem Vater eine gute Beziehung habe und sich für meine Hoffnung, dass es doch irgendwann zu einem guten Ende kommen könnte, bedankte.

Wenn ich mich an diese Patientin zurückerinnere, so heißt das nicht, dass ich damit die Gegenwart Gottes beweisen will, sondern für mich heißt dies auf den Paulustext bezogen, dass es wichtig ist, sich einer Hoffnung wider die Hoffnung hinzugeben. Diese Hingabe meine ich auch bei Abraham zu spüren, wie ihn Paulus im Römerbrief darstellt.

Die Hingabe ist eine Geste der Verbindung mit einem Gegenüber. Sie vollzieht sich in gewisser Weise als Haltung des Überlassens. Hingabe habe ich am stärksten erlebt, wenn in den ersten Lebensminuten ein neugeborenes Kind auf den Bauch der Mutter gelegt wird. Das Gefühl dieser innigen Zärtlichkeit, die die Mutter dem Neugeborenen gegenüber empfindet, kann mit Hingabe benannt werden. Auch der Säugling überlässt sich ganz der Mutter. Wenn ich mich da hineinversetze, spüre ich ein Gefühl von Selbstvergessenheit und auch den Verzicht auf Grenzsetzung. In der klassischen Psychoanalyse ist der Begriff eher selten verwandt worden, bei Sigmund Freud gehört die Hingabe zu den psychischen Leistungen des Liebeslebens.

Wenn wir aber nun den Begriff des Liebeslebens erweitern und die Beziehung zwischen Abraham und Gott ebenfalls als eine Art von Liebe verstehen, so wäre die Hingabe in dieser Beziehung auch in einem Gefühl von fraglosem Aufgehobensein zu verstehen. Bei Abraham, so scheint mir, ist die Hoffnung mit der Hingabe an das göttliche Wirken verbunden. Es ist kein illusionärer Fluchtpunkt, sondern die demutsvolle Selbstentäußerung eines glaubensbereiten und zur Duldsamkeit wie Schicksalsgelassenheit fähigen Subjekts.

Gott nutzt dieses Hingeben bis hin zur Selbstpreisgabe nicht aus. Anders wäre dies bei einem menschlichen Gegenüber. Hier kann durchaus die Gefahr bestehen, dass Hingabe ausgenutzt wird, wie wir dies aus faschistischen Führersystemen kennen. Darauf wies Jürgen Habermas in seiner kritischen Theorie und im Ideal der kommunikativen Ethik zurecht hin. Es geht um die Förderung von Kritikfähigkeit, Unabhängigkeit, Selbstbestimmung und Abgrenzung als Schutzmaßnahmen gegen die verehrenden Folgen blinder Selbstaufgabe. Bei Gott geht es aber gerade darum, dass Selbstbestimmung und Kritikfähigkeit wesentlich für eine emotionale Gottesbeziehung sind. Bei einer hingebungsvollen Hoffnung kommt Gott auf uns zu, dann sorgt er dafür, dass wir ihn erkennen und verstehen können. »So wart Abraham stark im Glauben und gab Gott die Ehre und wusste aufs aller gewisseste: Was Gott verheißt, dass kann er auch tun.« Das ist die größte Hoffnung, die uns Paulus im Römerbrief, Kapitel 4, vermitteln kann.

Anselm Grün

Die Liebe Gottes ist ausgegossen in unsere Herzen

RÖMER 5,1-8

Auf den ersten Blick scheint der Text aus dem Römerbrief eine Aneinanderreihung von verschiedenen Gedanken zu sein. Aber wenn wir tiefer in ihn eindringen, erkennen wir, dass er einer inneren Logik folgt. Der erste Gedanke ist, dass wir durch den Glauben gerecht gemacht wurden. Der Glaube sagt uns, dass wir bedingungslos von Gott angenommen sind. Und so haben wir Frieden mit ihm. Wir sind mit ihm versöhnt, erleben dankbar die Gemeinschaft mit Gott. Wir stehen jetzt in seiner Gnade, wir stehen in seiner Liebe und seine Herrlichkeit ist schon in uns. Doch zugleich leben wir in der Hoffnung, dass diese Herrlichkeit uns ganz und gar erfüllen wird, wenn wir im Tod zu Gott kommen. Diese Hoffnung leben wir hier in einer Welt, in der wir bedrängt werden. Dann schildert Paulus das Ineinander von Bedrängnis, Geduld und Hoffnung. Das Wort für Bedrängnis, *thlipsis*, kann Enge und Angst bedeuten, Drangsale, die von außen auf uns zukommen, wie Verfolgung und Anfeindung, aber auch innere Bedrängnisse wie Bekümmernis und Trauer (vgl. Schlier 146). Die Drangsale, die wir in der Hoffnung auf Gottes Herrlichkeit erleben, drücken uns nicht nieder, sondern bewirken Geduld. Geduld führt zu Standhaftigkeit. Das griechische Wort für Standhaftigkeit, *hypomone*, meint: standhalten, aushalten. Wir geben nicht auf. Geduld und Standhaftigkeit stärken unsere Hoffnung. Aber die Hoffnung, die schon in uns ist, lässt uns auch die Drangsale geduldig und standhaft durchstehen. So steht am Anfang unsere Hoffnung, die durch Bedrängnis, Geduld und Standhaftigkeit vertieft wird.

Dann nennt Paulus den eigentlichen Grund für unsere Hoffnung: »Denn die Liebe Gottes ist ausgegossen in unsere Herzen durch den Heiligen Geist, der uns gegeben ist.« In der Taufe wurde uns der Heilige Geist gegeben. Durch ihn wurde die Liebe Gottes in unsere Herzen ausgegossen. Diese Liebe »ergreift den Menschen von der innersten Mitte seiner Person her, die nur Gott und dem Geist durchschaubar ist, in der aber die eigentlichen Gedanken und Entscheidungen der menschlichen Geschichte oft gegen ihre Vorstellungen fallen (vgl. zu Römer 1,21)« (Schlier 150). Unser Herz ist voller Liebe und wird durch die Liebe geprägt. Das ist eine optimistische Einschätzung des Menschen. Natürlich ist für Paulus diese Liebe ein Geschenk Gottes. Aber jetzt ist unsere Existenz davon geprägt. Sie ist eine Wirklichkeit in uns. Wir werden nicht zur Nächstenliebe aufgerufen. Vielmehr ist uns die Liebe geschenkt. Sie verwandelt unser Selbstgefühl. Und aus dieser neuen Selbsterfahrung heraus sind wir auch fähig, andere zu lieben.

In den nächsten beiden Versen wird diese Liebe Gottes konkret geschildert. Sie zeigt sich darin, dass Jesus für uns gestorben ist, als wir noch schwach und gottlos waren. Im Anschluss zitiert Paulus Erfahrungen und Beispiele aus seinem hellenistischen Umfeld. Bei den Griechen hatte das Sterben für etwas einen hohen moralischen Stellenwert. Man starb für einen Freund oder für eine gerechte Sache, so wie Sokrates. Bei Horaz findet sich der berühmte Satz: »Es ist süß und ehrenvoll, fürs Vaterland zu sterben.« Doch Gottes Liebe zeigt sich gerade darin, dass Jesus für uns Menschen starb, als wir Sünder waren. Hier ist also auch nicht vom Sühnetod Jesu die Rede, sondern von einem Sterben aus Liebe. Die Liebe Jesu übersteigt unsere menschliche Liebe. Denn er liebt uns nicht, weil wir besonders gut sind. Seine Liebe ist keine Antwort auf unsere eigene Liebenswürdigkeit. Vielmehr ist es eine Liebe, die uns in unserer Selbstentfremdung im Herzen berühren möchte: eine ganz und gar unverdiente und ungeschuldete Liebe.

Wenn ich diese Worte in mein Herz fallen lasse, dann nehme ich mich anders wahr. Ich kenne viele Menschen, die Angst vor der Stille haben, Angst davor, sich selbst ehrlich anzuschauen. Sie meinen, sie würden in sich nur auf verdrängte Aggressionen und Triebe stoßen oder auf ein Chaos aus Gefühlen. Es gibt auch viele Christen, die Angst vor der eigenen Wahrheit haben. Doch Paulus will uns mit diesem Text Mut machen: Bei all den Schattenseiten, die du in der Stille in dir wahrnehmen kannst, sollst du dir immer bewusst sein, dass die Liebe Christi in dir ist. Sie ist ausgegossen in dein Herz. Sie strömt in dir. Manche Christen meinen, sie seien von Natur aus böse. Doch Paulus hat ein anderes Selbstbild: Ich darf ohne Angst in mich hineinschauen, weil ich da auf dem Grund meiner Seele die Liebe Gottes entdecke. Aber diese Liebe ist nichts Abstraktes. Sie bekommt für mich vielmehr Fleisch und Blut, wenn ich daran denke, dass Christus für mich gestorben ist, obwohl ich mich um ihn gar nicht gekümmert habe, obwohl ich an mir und an Gott vorbeigelebt habe. Wenn ich mir das vor Augen halte, spüre ich die Liebe, die durch den Heiligen Geist in meinem Herzen ausgegossen ist. Und dann gehe ich voller Vertrauen meinen Weg.

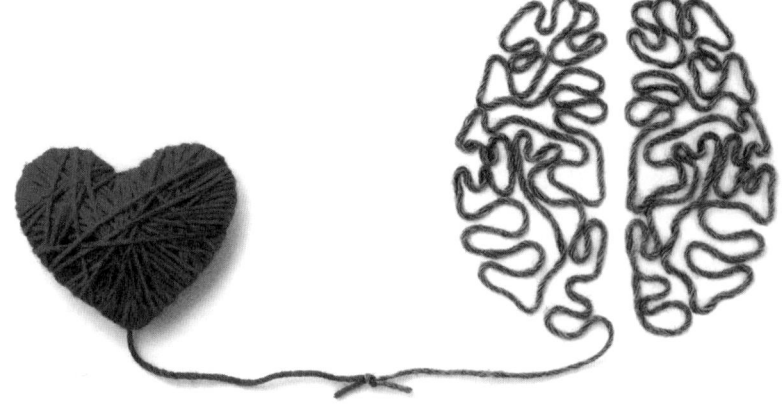

Anselm Grün

Die Taufe als Neuschöpfung

RÖMER 6,3-8

An dieser Stelle des Römerbriefs wird der Tod Jesu zu einem Bild für unsere eigene Existenz. Wir sollen mit Christus sterben, das heißt: unsere alte Existenz, die sich von der Sünde her definierte, soll sterben, damit wir als neue Menschen leben, die sich vom Geist Jesu prägen lassen. Hier ist also nicht von Sühne die Rede, sondern vom Mitsterben und Mitauferstehen. Dieses Mitsterben und Mitauferstehen geschieht in der Taufe. Darin haben wir teil am neuen Sein, am Sein in Christus, der von den Toten auferstanden ist.

Was Paulus hier von der Taufe schreibt, ist sozusagen eine christliche Antwort auf die Mysterienkulte, wie sie in seinem Umfeld üblich waren. In diesen stand ebenfalls eine Erneuerung des Lebens im Zentrum, indem der Gläubige teilhatte am Schicksal des Gottes oder eines Helden, von dem erzählt wurde, dass er häufig durch den Tod hindurch in eine neue Existenz hinein aufstand. Paulus deutet nun auf dem Hintergrund dieser damals weit verbreiteten Anschauungen das Geheimnis der Taufe. In der Taufe wird symbolisch deutlich, dass darin der »alte Mensch« stirbt. Das wurde im Taufritus sehr eindrücklich dargestellt, wenn der ganze Mensch untergetaucht und damit seine Vergangenheit gleichsam abgewaschen wurde. Es wurden ihm weiße Kleider angezogen und er erlebte seine Existenz als völlig neu. In der griechischen Version des Textes steht an dieser Stelle des Römerbriefs nicht »als neue Menschen«, sondern *en kainoteti zoes peripatesomen*: Wir sollen in der Neuheit des Lebens wandeln. Der alte Mensch, der der Sünde verhaftet war, ist mit Christus gestorben. Aber jetzt haben wir teil an seiner Auferstehung, an der Neuheit des Lebens. Das griechische Wort *peripatein* war auch in der stoischen Philosophie beliebt. Es bedeutet den Vollzug des Lebens, den Lebenswandel. Unser Lebenswandel soll dem neuen Sein entsprechen, das uns in der Taufe zuteilgeworden ist. Durch sie ist uns ein neuer Lebensraum eröffnet worden, »den wir ausschreiten sollen, also unsere neue Lebensmöglichkeit, die wir realisieren sollen. Ihr gemäß, die uns durch die Auferweckung Jesu Christi eröffnet worden ist, sollen wir wandeln, sie sollen wir in unserer Existenz ausweisen« (Schlier 194).

Die »Vernichtung« der alten Existenz beschreibt Paulus in drei Bildern: Wir sind mit Christus gestorben, wir sind mit ihm begraben und unser alter Mensch ist mit Christus gekreuzigt worden. Das neue Leben, das uns durch die Taufe geschenkt wird, wird wieder in Bildern beschrieben: in der Neuheit des Lebens wandeln, mit Christus in der Auferstehung vereinigt sein, frei von der Sünde sein. Wenn der alte Mensch gestorben ist, dann sind wir nicht mehr Sklaven der Sünde. Wer gestorben ist, der ist frei davon. Der kann nicht mehr sündigen. Natürlich möchte Paulus uns damit nicht in eine euphorische Sicht unseres Christseins führen, als ob wir unfähig wären zu sündigen. Die Neuheit des Lebens ist vielmehr eine Herausforderung, ihr gemäß unser Leben zu führen.

Die Bilder, die Paulus zur Beschreibung der Taufe gebraucht, kennen wir einmal aus einigen Mythen, in denen es häufig um Tod und Auferstehung geht, und zum anderen aus unseren Träumen. Wenn wir träumen, dass wir sterben, bedeutet das meistens, dass unsere alte Identität stirbt. Wenn wir vom Grab träumen, ist das oft eine Einladung, darüber nachzudenken, was wir begraben sollten – alte Konflikte, aber auch unsere alte Existenz, damit wir als neue Menschen auferstehen.

Viele Exegeten sprechen bei der Auslegung dieses Textes zur Taufe immer vom Sühnetod Jesu, durch den wir von der Sünde befreit wurden. Doch hier sind Tod und Auferstehung Jesu einfach ein Bild dafür, dass wir mit ihm sterben, um mit ihm aufzustehen in ein neues

Leben. Das Bild des Sühnetodes ist offensichtlich so tief in das Denken der Exegeten eingedrungen, dass eine andere Sichtweise gar nicht mehr in den Blick kommt. Wenn wir aber in der Bildsprache bleiben, dann sind es tröstliche und optimistische Gedanken, die Paulus in diesem Text entwickelt. Und es tut uns gut, uns immer wieder an unsere Taufe als der Grundlage unserer persönlichen Existenz zu erinnern. Unser Leben hat sich gewandelt durch die Taufe. Wir sind hineingenommen in den Tod Jesu, wir sind mit ihm gestorben, um jetzt in der Neuheit des Lebens zu wandeln. Natürlich sollen wir das, was an uns in der Taufe geschehen ist, immer wieder neu nachvollziehen. Der alte Mensch ist zwar gestorben, aber er wird immer wieder in uns auftauchen mit seinen alten Lebensmustern. Dann gilt es, das, was geschehen ist, neu in uns geschehen zu lassen: Wir sollen uns von den alten Lebensmustern verabschieden, damit das neue Lebensmuster der Liebe, das Christus entspricht, sich in uns entfalten kann.

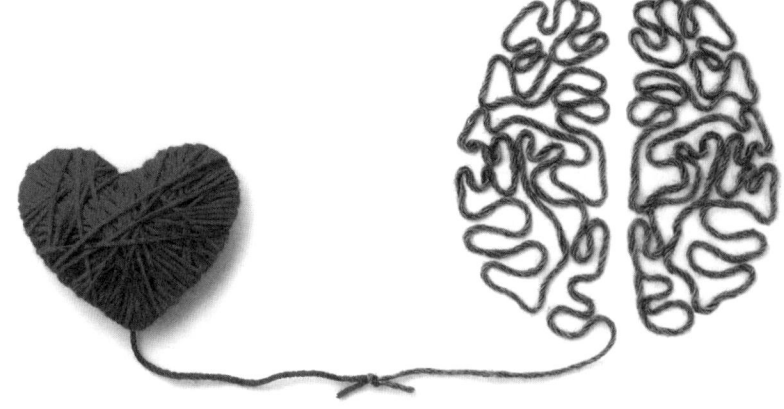

Anselm Grün

Der Geist der Sohnschaft

RÖMER 8,14-17

Paulus greift in diesem Abschnitt wieder frühjüdische Überlieferungen auf. In 2 Samuel 7,14 verheißt der Prophet Natan dem Sohn Davids: »Ich will für ihn Vater sein, und er wird für mich Sohn sein.« In der jüdischen Tradition gilt diese Verheißung nicht nur dem Sohn Davids und nicht nur dem Messias, der aus dem Haus Davids kommen wird, sondern es ist eine Zusage für das ganze Volk und auch für jeden Einzelnen. Im sogenannten Jubiläenbuch sagt Gott vom Volk Israel und seiner Beziehung zu ihm: »Ihre Seele wird mir folgen und meinem ganzen Gebot, und sie werden nach meinem Gebot tun, und ich werde ihnen Vater sein und sie werden mir Kinder sein. Und sie alle sollen Kinder des lebendigen Gottes heißen« (zit. Stuhlmacher 118). Diese Verheißung Gottes an sein Volk wird für Paulus in Jesus Christus erfüllt und somit antwortet Paulus hier auf die Sehnsucht seiner jüdischen Zuhörer. Auch ihnen will er die Frohe Botschaft verkünden, dass in Jesus Christus diese Verheißungen Gottes an sein Volk erfüllt werden.

Im Folgenden malt Paulus diese Verheißung an uns weiter aus: Wir sind nicht mehr Sklaven, die sich vor ihrem Herrn fürchten müssen, wie es die meisten Sklaven in Rom taten. Unsere Beziehung zu Gott ist nicht von der Angst des Sklaven vor seinem Herrn geprägt, sondern vom Vertrauen des Sohnes und der Tochter ihrem Vater und ihrer Mutter gegenüber. Durch Christus haben wir Gottes Geist empfangen. Und dieser Geist macht uns zu seinen Söhnen und Töchtern, sodass wir voll Vertrauen zu Gott sprechen können: »*Abba* – Vater«.

Abba ist das aramäische Wort, eigentlich ein Kosename: »lieber Vater«. Paulus stellt hier neben die aramäische Form das griechische Wort für »Vater« dazu. Das liebevolle Wort *Abba* ist ihm so wichtig, dass er es unbedingt weitergeben möchte. Stuhlmacher schreibt dazu: »Mit der Formel ›*Abba* Vater!‹ dürfte Paulus also Jesu eigenes Gebet aufnehmen, und zwar so, dass die des Aramäischen unkundigen Christen den Ruf ›*Abba*‹ nachsprechen, anschließend aber in dem ihnen vertrauten Griechisch wiederholen können« (Stuhlmacher 118). Die Christen sind Kinder Gottes, aber als Kinder auch Erben. Sie haben an der kommenden Erlösung am Ende der Welt teil und haben nicht nur hier auf Erden ein vertrautes Verhältnis zu Gott, ihrem Vater. Sie dürfen von ihm auch erwarten, dass er ihnen die ewige Herrlichkeit schenken wird. Als Kinder haben sie das Vertrauen, dass sie auch Erben der Verheißung sind. Aber diese Verheißung ist an die Bedingung gebunden: »Wenn wir mit ihm leiden, um mit ihm auch verherrlicht zu werden.«

Paulus spricht unser aller Sehnsucht aus, zu Gott eine vertraute Beziehung aufzubauen, wie sie zwischen den Kindern und dem Vater besteht. Obwohl Paulus hier den zärtlichen Ausdruck für Vater gebraucht, meint er damit natürlich auch die Beziehung zum mütterlichen Gott. Beide – Vater und Mutter – verwirklichen das, was Paulus mit »*Abba*, Vater« ausdrückt. Wir sehnen uns nach einem Gott, der wie ein Vater oder wie eine Mutter für uns sorgt. Aber zugleich müssen wir wissen, dass Vater und Mutter Bilder sind. Wenn wir Gott auf den irdischen Vater festlegen, werden wir nur enttäuscht sein. Dann können wir uns das Leid nicht erklären und sagen: »Wenn Gott mich doch wie ein Vater liebt, dann darf er mir mein Kind nicht durch Krankheit oder Unfall nehmen, dann darf er mich nicht krank werden und so viel leiden lassen.« Gott ist väterlich und mütterlich. Aber er ist zugleich der ganz Andere. Er ist jenseits unserer Bilder. Wir leben in dieser Spannung, dass wir auf der einen Seite Gott als unseren Vater und unsere Mutter sehen dürfen und uns bei Gott geborgen und geliebt fühlen. Auf der anderen Seite gilt es auszuhalten, dass Gott uns manchmal fremd ist, dass er sich uns entzieht und wir an seiner Ferne leiden.

Diese Fremdheit Gottes wird uns in der Passion Jesu vor Augen geführt. Da könnten wir auch sagen: Wie kann Gott seinen geliebten Sohn sterben lassen? Warum hat er ihn nicht vom Tod errettet? Gott als der Vater Jesu Christi ist immer auch der Vater des Gekreuzigten. Das müssen wir aushalten, bevor wir dann bekennen können: Der Vater hat den Sohn vom Tod auferweckt. Doch vor der Auferweckung steht das Leiden und Sterben Jesu. Mitten in den Anfechtungen unseres Lebens dürfen wir voll Vertrauen sagen: Abba, Vater. Das liebevolle Wort wird unser Leiden verwandeln. Mitten im Leiden fühlen wir uns getragen von dieser Liebe, die stärker ist als der Tod.

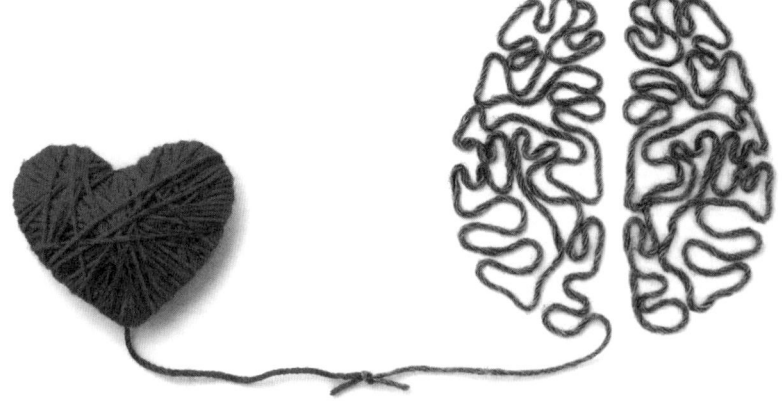

Anselm Grün

Die Hoffnung auf die Erlösung der Welt

RÖMER 8,18-25

Dieser Abschnitt aus dem Römerbrief ist gerade heute auf dem Hintergrund des Klimawandels aktuell. Doch bevor wir ihn in unsere Zeit übertragen, ist es gut, zuerst genau hinzuschauen, wie Paulus selbst diese Verse verstanden hat. Er beginnt mit der Feststellung, dass wir Kinder und Erben Gottes sind. Trotzdem trifft uns das Leiden. Doch dann relativiert er es im Blick auf das, was uns erwartet. Die beiden Neutestamentler Ulrich Wilckens und Peter Stuhlmacher deuten die Gedanken an dieser Stelle auf dem Hintergrund jüdisch-apokalyptischer Überlieferung. Für diese ist das »Leiden für Gerechte geradezu notwendig, da zwischen der Herrschaft Gottes, der sie als Gerechte zugehören, und der Herrschaft der ungerechten Welt, in der sie als Irdische leben, ein unaufhebbarer Widerspruch besteht« (Wilckens 148). Das endzeitliche Gericht wird für die Gerechten alles zum Guten wenden. Doch zuvor nehmen die Leiden zu. Es sind sozusagen die Geburtswehen vor dem Kommen des Messias. Noch einen Gedanken übernimmt Paulus aus der jüdischen Auslegung der Schöpfungsgeschichte: dass der Fall Adams Folgen für die Schöpfung gehabt hat. Peter Stuhlmacher zitiert hier eine alte jüdische Schrift (4 Esra 7,10f): »Als aber Adam meine Gebote übertrat, ward die Schöpfung gerichtet. Da sind die Wege in diesem Äon schmal und traurig und mühselig geworden, elend und schlimm, voll von Gefahren und nahe an großen Nöten« (Stuhlmacher 121). Aber die Auffassung, dass die Schöpfung der Leere, Nichtigkeit, dem Schein unterworfen ist, ist nicht nur jüdisch, sie war auch in der hellenistischen Umwelt des Paulus weit verbreitet.

Die Schöpfung – so sagt Paulus – wartet in gespannter Sehnsucht darauf, dass die Herrlichkeit Gottes in den Kindern Gottes offenbar werde. Offensichtlich besteht eine innere Verwandtschaft zwischen den Menschen und der Natur. Das zeigt sich schon in der Erzählung vom Sündenfall. Bis dahin herrschte Harmonie zwischen den Menschen und dem fruchtbaren Garten Eden. Doch verflucht Gott den Ackerboden, sodass Adam nur unter Mühsal von ihm essen kann (vgl. Genesis 3,17–19). Wenn der Mensch der Nichtigkeit ausgeliefert wird, dann ist es auch die Schöpfung. Ihr Geschick ist abhängig »von der Situation und dem Geschick der Menschen« (Wilckens 155). Aber die Natur ist der Nichtigkeit nicht für immer unterworfen. Sie darf gemeinsam mit den Menschen auf das Offenbarwerden der Herrlichkeit der Kinder Gottes warten. Wenn Gottes Herrlichkeit in den Menschen aufleuchtet, dann wird sie auch in der Schöpfung sichtbar. Sie wird in ihrer ursprünglichen Schönheit offenbar.

Die Schöpfung stöhnt und sehnt sich nach Aufhebung der Not. Sie »liegt in den Wehen, das heißt befindet sich in einer Situation gesteigerter Erfahrung von Nichtigkeit und Vergänglichkeit, mit der sich der bevorstehende eschatologische Umbruch nach apokalyptischer Vorstellung ankündigt« (Wilckens 155). Wir können diese Aussage nur verstehen, wenn wir mit dem Alten Testament davon überzeugt sind, dass Gott als Schöpfer auch in seiner Schöpfung gegenwärtig ist. Daher empfindet sie die Diskrepanz zwischen ihrem jetzigen Zustand und dem Ziel, das ihr verheißen ist, als Schmerz und hofft auf Befreiung und ihre ursprüngliche Herrlichkeit. Das verbindet die Schöpfung mit uns. Denn wir sehnen uns auch danach, dass Gottes Herrlichkeit in uns aufleuchtet und uns von den Leiden dieser Welt befreit.

Ab Vers 24 kommt Paulus auf die Hoffnung zu sprechen, von der er schon in Vers 20 gesagt hat, dass Gott der Schöpfung trotz aller Unterwerfung unter die Nichtigkeit zugleich Hoffnung zugesagt hat. Die Erlösung, auf die wir Christen hoffen, bezieht auch die Schöpfung mit ein. Die Christen hoffen nicht nur auf ihre Befreiung und Erlösung, sondern sie hoffen auch für die Schöpfung, dass sie teilhat an ihrer Befreiung und ihrer Herrlichkeit, die Gott ihnen verheißen hat.

Wenn wir versuchen, die Vorstellungen der jüdischen Apokalypse und die Gedanken des Paulus in unsere Wirklichkeit heute zu übersetzen, so können wir durchaus verstehen, dass die Sünde der Menschen Auswirkungen auf die Schöpfung hat. Wenn wir meinen, wir könnten die Natur als bloßes Objekt betrachten, das wir für unsere Zwecke ausbeuten, dann schaden wir der Schöpfung, dann beeinträchtigt unsere Schuld auch die Schöpfung. Sie ist nicht mehr in ihrem ursprünglichen Zustand.

Paulus sagt: Gott hat die Welt der Nichtigkeit unterworfen. Aber wir dürfen das nicht als einen getrennten Akt verstehen. Vielmehr müssen wir es so sehen: Der Mensch hat gesündigt, er ist aus der Ordnung der Natur herausgefallen und stört durch sein ausbeuterisches Verhalten die Harmonie und deren Schönheit. Die Natur leidet mit. Wir würden sagen: Die Natur leidet unter dem Fehlverhalten des Menschen. Aber wir können es auch so verstehen: Der Mensch, der durch die Sünde aus seiner ursprünglichen Ordnung gefallen ist, ist Teil der Schöpfung. Und so betrifft seine Unordnung, seine innere Zerrissenheit auch die Natur.

Die Gedanken des Paulus sind für uns heute eine Herausforderung und Aufforderung, mit der Schöpfung behutsam umzugehen. Wir sollten dabei die Verantwortung nicht Gott in die Schuhe schieben, in dem Sinn, dass wir sagen: Wir müssen warten, bis er seine Herrlichkeit in uns und in seiner Schöpfung zeigt. Dann brauchen wir nichts zu tun. Gott will die Herrlichkeit, die am Ende der Welt in ihrer Fülle aufscheint, schon jetzt in unserem Verhalten aufleuchten lassen, indem wir uns als Kinder Gottes verhalten, als Menschen, die Gott in die Schöpfung gestellt hat, um sie zu hegen und zu pflegen, wie es im zweiten Schöpfungsbericht heißt: »Gott, der Herr, nahm also den Menschen und setzte ihn in den Garten von Eden, damit er ihn bebaue und hüte« (Genesis 2,15).

Bei all unseren Versuchen, mit der Schöpfung achtsam umzugehen, sollten wir uns immer von der Hoffnung leiten lassen. Die Hoffnung verschließt die Augen nicht vor der Realität. Aber sie verbeißt sich nicht in die Unheilsbotschaften, wie sie uns heute täglich verkündet werden. Wer fixiert ist auf negative Meldungen, der verliert auch die Energie, um wirklich etwas für die Umwelt zu tun. Wir brauchen immer die Hoffnung, von der es heißt, dass sie auf das hofft, was wir nicht sehen. Sie weckt in uns trotz aller Dunkelheiten, die wir auf der Erde erleben, die Kraft, wirksam für die Schöpfung zu arbeiten.

Anselm Grün

Die alles überwindende Liebe Gottes

RÖMER 8,31-39

Mit diesem hymnischen Text aus dem Römerbrief fasst Paulus alles zusammen, was er zuvor gesagt hat. Bisher hat er seine Gedanken als Lehre verkündet, als Botschaft. Jetzt antwortet er auf alle seine Überlegungen mit einem Lobpreis, wie man ihn sich in der Liturgie vorstellen kann. Er beginnt wieder mit zwei rhetorischen Fragen. Die erste fasst alles Vorherige noch einmal zusammen und fragt nach der existenziellen Antwort auf die Tatsache der Erlösung durch Jesus Christus und auf das Geschenk des Heiligen Geistes, der uns gegeben ist. Die zweite Frage ist von Vertrauen geprägt. Paulus ist überzeugt, dass uns nichts wirklich schaden kann, weil Gott für uns ist: »Ist Gott für uns, wer ist dann gegen uns?« Im nächsten Vers bezieht sich Paulus auf die Geschichte Abrahams, der seinen Sohn nicht opfern musste. Gott hatte ihn nur auf die Probe gestellt. Doch er wollte nicht, dass er wie die Menschen in einigen Kulten sein Kind als Opfergabe umbringt.

Gott selbst hat seinen Sohn jedoch nicht verschont, wobei er ihn ebenfalls nicht geopfert hat. Gott hat seinen Sohn den Menschen überliefert, hingegeben, geschenkt, sogar auf das Risiko hin, dass die Menschen ihn umbringen. Mit seinem Sohn schenkt Gott uns alles, sein Liebstes und Kostbarstes.

In den nächsten beiden Versen hat Paulus einen Rechtsstreit vor Augen: Auf die Frage des Anklägers antwortet der Verteidiger. Einmal ist es Gott selbst, der antwortet. Er, der uns in Jesus Christus gerecht gemacht hat, wird uns nicht anklagen. Zum anderen gibt Christus die Antwort: Er ist gestorben und auferweckt worden. Jetzt sitzt er zur

Rechten Gottes und tritt für uns ein. Das ist ein wichtiges Bild für Christus, das uns auch Lukas in seiner Apostelgeschichte immer wieder vor Augen führt: Christus sitzt zur Rechten Gottes. Er ist unser Fürsprecher, unser Beistand, unser Anwalt, wie Johannes das in seinem Evangelium nennt. Er steht auf unserer Seite und tritt für uns ein, ganz gleich, wer uns in der Welt anklagen oder verurteilen möchte.

In den nächsten Versen entfaltet Paulus in einer hymnischen Sprache, dass uns niemand und nichts von der Liebe Christi zu trennen vermag. Dann zählt er sieben Anfechtungen auf, die er aus eigener Erfahrung kennt. Er hat sie alle selbst durchgestanden: Bedrängnis, Not, Verfolgung, Hunger, Kälte, Gefahr, Schwert. Das Schwert meint offensichtlich die Hinrichtung. Selbst sie kann uns nicht von der Liebe Christi trennen, denn sie begleitet uns in allen Bedrängnissen. Wir erfahren darin die Liebe Christi, der die gleichen Nöte wie wir durchlitten und dadurch für uns verwandelt hat. In allen Nöten haben wir teil am Todesleiden Christi, erfahren gerade darin seine liebende Nähe. Paulus erklärt die Leiden, die wir wie Christus erfahren, mit einem Wort aus Psalm 44. Der Psalmvers deutet unser Leiden, indem er sagt: »um deinetwillen«. Das Leiden trifft uns um Christi willen. Wir erfahren darin die Gemeinschaft mit ihm. Weil wir in Christus sind, widerfahren uns diese Nöte und Leiden. Aber die Liebe Christi hilft uns auch, sie zu überwinden.

Dann schließt Paulus noch einmal mit der unerschütterlichen Gewissheit, dass uns rein gar nichts von der Liebe Christi trennen kann: Weder Tod noch Leben, weder Engel noch Mächte, weder Gegenwärtiges noch Zukünftiges, weder Höhe noch Tiefe, weder Gewalten noch irgendeine andere Kreatur (die Einheitsübersetzung verbindet die Gewalten mit den Höhen und Tiefen. Ursprünglich stehen sie einzeln da). Insgesamt sind es also zehn »Träger überirdischer Macht …, die vergeblich gegen die Glaubenden aufstehen; die Zehnzahl verrät, dass alle erdenklichen Mächte in, über und unter der Welt ins Auge gefasst werden sollen« (Stuhlmacher 128). Mit »Engeln« meint Paulus die gefallenen Engel. Wenn er von »Mächten« spricht, dann meint er die Kräfte, die nach jüdischer Tradition das Böse in der Welt verursachen. »Gewalten« beziehen sich auf die Scharen Satans, die gegen uns kämpfen. Auch sie haben keine Chance. »Höhe und Tiefe« deutet Stuhlmacher als »den höchsten und niedrigsten Stand der Gestirne, die den Lebenslauf feindlich beeinflussen können (beide Ausdrücke erscheinen in hellenistischen Zaubertexten)« (Stuhlmacher 128). Paulus zählt alles auf, was in seiner Zeit als feindliche Kräfte verstanden wurden. Und in der Sorge, etwas vergessen zu haben, beschließt er seine Aufzählung mit »noch irgendeine Kreatur«. Nichts vermag die Liebe Gottes, die uns in Christus offenbar geworden ist, zu brechen. Gott hat die Menschen in seiner unendlichen Liebe erwählt und hält an ihnen fest. Es ist eine kühne Glaubensgewissheit, von der Paulus hier spricht. Sie will uns Mut machen, in dieser Welt voller Vertrauen zu leben, ganz gleich, welchen Gefährdungen wir ausgesetzt sind. Uns umgibt Gottes Liebe wie ein Schutzschild, den keine irdische Macht durchbrechen kann.

Die Gefährdungen und die Ankläger, von denen Paulus schreibt, treten heute auf ähnliche Weise auf. Manchmal haben wir diese »Ankläger« in unserem Inneren. Es ist das eigene Über-Ich, das uns sozusagen vor Gericht stellt und uns vorwirft, dass wir den verinnerlichten Maßstäben unserer Eltern, dass wir unserem Perfektionismus nicht entsprechen. Diese inneren Ankläger trennen uns von der Liebe Christi. Sie lassen uns nicht daran glauben. Ein anderer Aspekt: Wenn wir täglich die Nachrichten anschauen, werden wir mit vielen Bedrängnissen und Gefährdungen konfrontiert, die die Liebe Christi verdunkeln. Wir können angesichts der Brutalität, die uns darin begegnet, angesichts des unendlichen Leids nicht mehr an die Liebe Gottes glauben. Gegen alle diese Verdunkelungen will uns Paulus auf die Liebe Gottes verweisen, die gerade im Tod Jesu am Kreuz, einem der dunkelsten Augenblicke der Weltgeschichte, offenbar geworden ist und gesiegt hat über alle finsteren Mächte dieser Welt, über alle inneren Ankläger und äußeren Verfolger. Mit Christus sollen auch wir siegen. Paulus benutzt hier das griechische Wort *hypernikomen*. *Nike* bedeutet Sieg. Das Wort wird sonst im Sport und im Krieg verwendet. Ganz gleich, wie wir es verstehen: Mit Christus stehen wir auf der Seite der Sieger. Aber wir siegen nicht über Menschen, sondern über alle lebensbehindernden Kräfte dieser Welt. Sie können uns nichts anhaben. Es sind also Worte voller Zuversicht und Hoffnung, die wir immer wieder in uns eindringen lassen sollen, damit wir sie wirklich glauben und aus ihnen heraus unser Leben bewältigen – als Sieger und nicht als Verlierer.

Wenn wir die Erfahrung und die Worte des Paulus als die eigentliche Botschaft Christi sehen, dann sind diese Worte auch ein Protest gegen manche christlichen Formen von Spiritualität, die immer nur von Sünde und Schuld sprechen, die uns Angst machen wollen, dass wir nicht gut genug sind, dass wir noch viel besser sein müssten, dass wir die Gebote Jesu perfekt erfüllen müssten, um von ihm geliebt zu werden. Die Rede des Paulus dagegen ist frei von allem Moralisieren, von allen Bildern, mit denen die Kirche jahrhundertelang Menschen Angst eingejagt hat vor dem ewigen Richter. Wir sollten daher beim Bedenken der Worte des Römerbriefs immer wieder an diese befreiende Erfahrung des Paulus erinnern und seine Worte als Herausforderung sehen, eine Spiritualität zu entwickeln, die der Freiheit entspricht, von der Paulus spricht, und die von der Liebe geprägt ist, die Paulus in diesem wunderbaren Hymnus so eindrucksvoll besungen hat. Das ist die entscheidende Botschaft Christi: dass uns nichts, aber auch gar nichts von der Liebe Christi zu trennen vermag.

Bernd Deininger

Was bleibt am Ende übrig?

1 KORINTHER 3,9-15

Wenn Lebenssituationen auf uns als Menschen zukommen, mit denen wir nicht gerechnet haben, die aus der Normalität des Alltags herausfallen und die uns persönlich emotional nahe rücken, tauchen Fragen nach dem Sinn unseres individuellen Daseins, aber auch nach dem Sinn des Lebens überhaupt auf. Häufig steht die Sinnfrage dann am Anfang eines längeren Prozesses, der wellenförmig abläuft und bei vielen zwischen Lebenszufriedenheit und Lebensglück einerseits und melancholischen Momenten bis hin zu Gedanken von Sinnlosigkeit andererseits pendelt.

Mir selbst kommen die Fragen nach dem Sinn des Daseins am stärksten bei Beerdigungen zu Bewusstsein. Nicht nur, dass bei einer solchen auch an die eigene Sterblichkeit erinnert wird, was aber oft noch verdrängt werden kann. Dies gelingt häufig, wenn es sich bei dem Verstorbenen um einen Menschen handelt, der bedeutend älter als man selbst war. Wenn aber bei einer kirchlichen Beerdigung der Satz fällt: »Nun wollen wir für den Nächsten unter uns beten, der vor das Angesicht des Herrn tritt«, dann stellt sich unabhängig vom Lebensalter das ganz unmittelbare Gefühl ein: Auch ich könnte der Nächste sein. In solchen Momenten gerät die Sinnfrage in Bezug auf das bisher gelebte Leben besonders stark ins Blickfeld.

Das Bild, das Paulus hier im Korintherbrief gebraucht, ist, dass er das Leben mit einem Bauwerk vergleicht und dass der Grund, der dem gelegt ist, von Gott ausgeht. Wir sind in die Welt geworfen, haben zwar vom ersten Lebenstag an unterschiedliche Startbedingungen und unterschiedliche Entwicklungsmöglichkeiten, aber auch alle unseren Grund in Gott. Wir sind mit Bewusstsein ausgestattet, und im Lauf unserer psychischen Entwicklung lernen wir, mit diesem Bewusstsein unser Leben zu bauen.

Schon als Kleinkinder, wenn wir in der Autonomieabhängigkeitsphase lernen, uns von der Mutter zu distanzieren, entwickeln wir eigene Vorstellungen und Fantasien darüber, welche Dinge für uns selbst wichtig sind und welche für uns keine Bedeutung haben. Im Weiteren entwickeln wir immer stärker Vorstellungen und Gedanken darüber, wie unser Innenleben gestaltet werden soll und wie auch das Zusammenleben mit der Außenwelt – den anderen – funktionieren könnte. Wir überlegen uns, wie Interessen und Pflichten gelebt werden können und später, in welche sozialen Strukturen wir uns hineinbegeben (zum Beispiel sportlicher oder kultureller Art), welchen Beruf wir ergreifen wollen und welche Partnerschaften wir eingehen.

Wir bauen uns unser Lebenshaus mit den Möglichkeiten, die wir genetisch, kulturell und über unsere für uns wichtigen Objektpersonen mitbekommen haben. Wenn die Grundlagen für eine gute Autonomieentwicklung gelegt sind, können wir uns von Identifikationen mit unseren primären Bezugspersonen lösen und eigenes Neues schaffen. Fantasien und Vorstellungen, die wir entwickeln, prägen unsere Lebensentwürfe. Diese betreffen zunächst uns selbst, doch wenn wir in sozialen Kontakten leben, treffen sie auch auf Lebensentwürfe unserer Partner oder auf die anderer Familienmitglieder.

In Partnerschaften und Familienstrukturen geht es häufig um den Austausch von Alltagserfahrungen, aber auch um Sorgen und Konflikte, die sich zeigen. Auch welchen Sinn ein eventueller Konflikt gehabt haben könnte oder auf welche unbewussten Prozesse er sich zurückführen lässt, kann sichtbar gemacht werden. Häufig geht es dabei um narzisstische Kränkungen, bei der sich der eine oder andere zu wenig beachtet und gesehen gefühlt hat. Es kann aber auch um Eifersucht und Rivalität innerhalb einer Geschwistergruppe gehen, oder um äußere Dinge wie Leistungen, die zu erbringen sind, oder wirtschaftliche Aspekte.

Lebenssinn erschließt sich aber nicht nur aus der Betrachtung unseres individuellen partnerschaftlichen oder familiären Lebens, sondern bezieht sich auch auf das, was wir zusammenfassend als gesellschaftliches Leben und Zusammenleben bezeichnen. Auf Gesellschaften bezogen werden Spannungen und Konflikte noch sichtbarer und die Frage nach dem Sinn von Bedrohungen und Gewalt stellen sich noch stärker. Konfliktsituationen hat es wohl schon immer gegeben, seitdem sich menschliche Kulturen entwickelt haben. Auch da geht es häufig um persönliche Kränkungen, die Menschen durch das Erreichen von Machtpositionen zu kompensieren suchen. Oft werden sie so zu Projektionsflächen für andere, die sich als Zu-kurz-Gekommene oder Abgehängte erleben, in Gruppen versammeln und Konflikte in Gang halten. Wenn es dann zu Kriegen oder Naturkatastrophen kommt, die von Menschen und Gesellschaften ausgelöst wurden, weil Machtgefühle und Egozentrik im Vordergrund standen, wird die Frage nach dem Sinn solcher Ereignisse, die oft viele Menschen das Leben kosten, noch schwieriger.

Vordergründig wird häufig darum gestritten und gekämpft, was angemessen oder zweckmäßig für den Einzelnen oder eine Gesellschaft ist. Es geht auch um Wahrheit und Gerechtigkeit, aber die Suche danach ist nicht immer lebensbewahrend, sondern oft lebenszerstörend. Letztlich bleibt, dass wir als Menschen gefangen sind in den Defiziten unserer psychischen Entwicklung, sodass wir oft nicht anders können, als so zu handeln, dass innere und äußere Spannungen und Konflikte, Bedrohungen und Gefahren aufrechterhalten werden.

Besonders belastend können dabei unsere geheimen und oft nicht nach außen getragenen Überzeugungen und Glaubensgrundsätze sein, die sich auf diese Grundfragen der Sinnhaftigkeit des Daseins beziehen. Auch hier geht es um Vorstellungen und Überlegungen, durch die wir unsere Wirklichkeit zu verstehen und zu gestalten versuchen.

Wir nehmen wahr, dass unsere innere und äußere Freiheit stark von den Begrenzungen abhängt, die wir in unserer eigenen Lebensgeschichte gesammelt haben. Wenn innere Überzeugungen nicht mehr reflektiert werden können, droht Intoleranz und Ausgrenzung der anderen. Auch das ist Nährboden für Konflikte und Gewalt im Großen wie im Kleinen.

In unserem Leben sind wir aber nicht nur die Aktiven, die mitgestalten, sondern auch die Passiven, die Negatives und Belastendes zu erleiden haben. Das, was mit dem Begriff »Schicksal« zu bezeichnen ist, ist den meisten Menschen in unterschiedlicher Weise bekannt. Es kann dabei um eine plötzlich aufgetretene Erkrankung gehen, um Unfälle mit Todesfolge bei Freunden und Bekannten, um Verletzungen, die wir selbst erleiden und die uns in unserem Leben völlig aus der Bahn werfen können (zum Beispiel Querschnittslähmung nach Unfall) oder ein Scheitern bei Prüfungen, die uns den Weg in einen Beruf verstellen. All das liegt nur in Teilen in unserer eigenen Verantwortung. In ähnlicher Weise gilt dies aber auch für Gutes und Liebevolles, das sich in unserem Leben ereignet und womit wir oft nicht gerechnet haben, Dinge, die uns glücklich und zufrieden machen.

In Bezug auf all die beschriebenen Aspekte, bei denen es um Lebensgestaltung und Planung geht, ist noch nicht die Frage nach dem tieferen Sinn gestellt. Paulus meint, dass Gott baut und dass alles, was geschieht, in Gottes Verantwortung steht. Dass Gott in unserem Leben gestaltend anwesend ist, ist tröstlich, gilt aber nicht nur für uns selbst, sondern auch für jeden anderen Menschen. Diese Lebensgestaltung durch Gott kann aber nicht nur auf Gutes und Liebevolles bezogen werden, sondern müsste sich auch auf Negatives, Belastendes und Leidvolles beziehen. Damit würden wir jedoch Gott für unser Leben vollumfänglich verantwortlich machen, was dazu führen könnte, dass wir uns sozusagen in unser Schicksal ergeben und nicht mehr selbst in die Hand nehmen, weil Gott es ja so gewollt hat. Es gilt vielmehr, sich darauf zu besinnen, dass wir von Gott über unsere biologischen

Eltern ins Leben gebracht worden sind, dass ein Fundament gelegt ist, auf das wir unser Haus bauen, dass aber in der Eigenverantwortung jedes Menschen liegt, wie er sein Haus baut. Die Grundsatzfrage, die Begrenztheit unseres Daseins, anzuerkennen und sich der Endlichkeit zu stellen, bleibt für jeden Menschen gleich, unabhängig davon in welche Kultur er hineingeboren ist oder welche biologischen und sozialen Gegebenheiten er in seiner Kindheit erfahren hat. Unter diesem Aspekt sollte jeder Mensch sein Dasein begreifen.

Sinnvoll ist dann, was den Einzelnen in ein Gefühl von Stimmigkeit bringt, wenn er mit sich selbst in Kontakt tritt und diese Selbstwahrnehmung in einen sozialen Kontext einbauen kann. Das bedeutet: Erlebe ich mich nicht nur mit mir selbst, sondern auch in meiner Familie, meiner Partnerschaft, meinem Beruf, mit meinen gesellschaftlichen Kontakten, die ich habe, als stimmig im Sinn einer inneren Ausgeglichenheit, oder strebe ich immer nach anderem, was ich glaube, erreichen zu müssen, aber nicht erreichen kann.

Die Feuerproben, die Paulus im Brief an die Korinther anspricht, dürften vielen Menschen bekannt sein. Dabei kann es um innere Krisen gehen, die wir durchlaufen müssen. Krisen, die uns depressiv machen, uns am Leben verzweifeln lassen und bis hin zu Suizidgedanken reichen können. Auch Konflikte und Krisen in Freundschaften, in Partnerschaften, im Beruf und in all den Bereichen, in denen wir in emotionalen Beziehungen stehen. Wir können von Selbstzweifeln geplagt sein, uns selbst erbarmungslos abwerten. Es kann sein, dass wir Schuldzuweisungen aushalten müssen, in unserem inneren nach Rache Ausschau halten, uns über Enttäuschungen ärgern und aggressiv reagieren. Solche Brände und Feuerproben hinterlassen oft Narben, die manchmal nur durch therapeutische Prozesse gelöst werden können. Wir spüren dann auch, dass unsere persönlichen Klärungsbemühungen scheitern und Hoffnungslosigkeit und Unwahrheiten noch sichtbarer werden, was wir kaum aushalten. Wenn Klärungsbemühungen scheitern, obwohl wir uns zum Beispiel durch einen therapeutischen

Prozess unserer eigenen Anteile, die zu Konflikten geführt haben, bewusst geworden sind, bleibt oft nur übrig, zuzulassen, dass unsere Möglichkeiten am Ende sind. Dann besteht nur noch die Hoffnung, dass Gott eine Lösung haben könnte.

Kehren wir noch einmal angesichts unserer Endlichkeit und der Akzeptanz unserer begrenzten Zeit zu der Frage nach dem Sinn zurück. Paulus weist uns im Korintherbrief darauf hin, dass wir unser Leben aus Gottes Hand empfangen haben und dass aus dem biologischen Körper ein beseelter Leib wird, nur dank des Schöpfers möglich ist. Das Leben ist ein Geschenk und gilt für jeden Tag neu, ob wir uns über Lebensvollzüge freuen oder ob wir etwas erleiden müssen. In vielen Bereichen können wir aber in Freiheit selbst gestalten, und dabei sollten wir grundsätzlich nie vergessen, dass dies alles auch für jeden anderen Menschen gilt.

In Bezug auf unsere Vorstellungen, Gedanken, Überzeugungen, die wir für unser individuelles Leben haben, gilt es, darauf zu vertrauen, dass Gott in uns und unserem Leben einen Sinn sieht, der uns im Wesentlichen verschlossen bleibt. Wir können aber in eigener Freiheit vieles ergreifen und auch für die anderen eröffnen, sodass wir in eine innere Stimmigkeit und Zufriedenheit finden. Das mag für jeden von uns völlig unterschiedlich aussehen. Einen grundsätzlichen Sinn zu finden, der unmittelbar vernünftig einleuchtet, scheitert schon daran, dass wir nicht einmal wissen, warum wir ins Dasein geworfen sind, warum es für uns Menschen so etwas wie Bewusstsein gibt, warum etwas ist und nicht nichts und warum sich aus Anorganischem organisches Leben entwickelt hat. Uns bleibt deshalb übrig zu sagen: Gott, der uns dieses Leben geschenkt hat, weiß, ohne dass wir es selbst wissen müssten, was der grundsätzliche und absolute Sinn unseres Daseins ist.

Ein solcher Glaube ist keine Resignation oder ein Aufgeben des Versuchs, nach rationalen Erklärungen zu suchen. Es ist aber eine täglich neue Befreiung für unseres und jedes Leben, das anzuerkennen. Wir müssen uns unserer Grenzen nicht schämen und sollten es nicht als Scheitern unserer Vernunft erleben, dass wir diese Grundsatzfragen nicht lösen können. Auch in der Begrenzung gilt: Das Leben ist euch geschenkt, nehmt dieses Geschenk an, genießt es und gestaltet es mit euren Möglichkeiten, ohne euch ständig damit zu quälen, nach dem Sinn dieses Geschenks zu fragen.

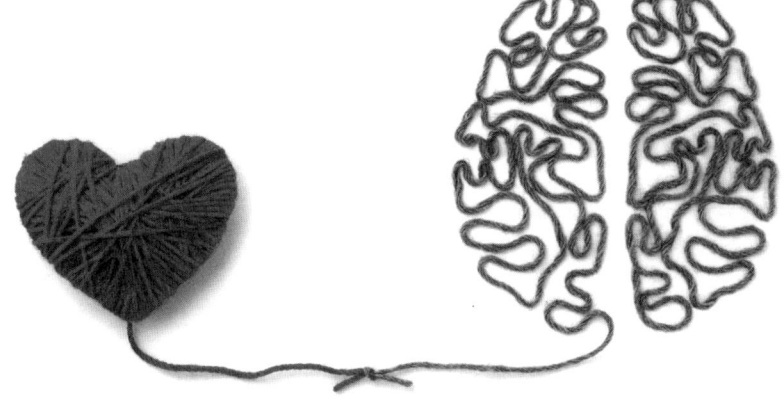

Bernd Deininger

Was ist ewiges Leben?

1 KORINTHER 15,12-20

Keine Frage hat die Menschen aller Zeiten so sehr bewegt wie die nach der Zukunft. Selbst die Erinnerung an Vergangenes ist zumeist bestimmt von der Frage, inwiefern Zukünftiges durch Vergangenheit vorgeprägt ist. Dieses Geschehen ist auch eine zentrale Erkenntnis der Tiefenpsychologie, die davon ausgeht, dass psychische Erkrankungen, die sich in der Gegenwart manifestieren, auf vergangene Entwicklungsstörungen zurückzuführen sind. Meist sind dies Entwicklungsdefizite und Traumatisierungen, die sich in der Zeit von der Geburt bis zum sechsten Lebensjahr ereignet haben. Wenn also entwicklungspsychologisch gesehen Vergangenes, nämlich die vorhergehende Lebensgeschichte, die Zukunft prägt, so gilt natürlich im Blick auf Vergangenes das eigentliche Interesse der Zukunft. Nicht anders ist es mit der Gegenwart, dem gegenwärtigen Erleben: Das vernichtendste Urteil über Gegenwärtiges ist gesagt, wenn es keine Zukunft mehr gäbe. Gegenwart ohne Zukunft ist jetzt schon unweigerlich dem Gewesenen preisgegeben und ohne Sinn. Das, was also auf uns zukommt, so zeigt es sich, bestimmt häufig schon das gegenwärtige Jetzt. Was noch aussteht, ragt häufig in das hier im Augenblick Gelebte hinein. Die Frage nach dem, was auf uns zukommt, hat also eine zentrale Bedeutung für jedes Individuum. Denn die Antwort bestimmt nicht nur einen Ausschnitt, sondern die Gesamtheit unseres weiteren Lebens. Das, was zuletzt auf uns zukommt, prägt im Grunde das Ganze.

Was kommt aber unweigerlich und für jeden Menschen sichtbar und einsehbar auf uns zu? Was wir alle wissen, das es auf uns zukommt, ist der Tod. Wenn ein Mensch geboren wird, können wir nicht wissen, was auf dieses Menschenleben zukommt. Die Zukunft liegt unbekannt vor ihm und vor den anderen, die ihn betrachten. Nur eines ist mit absoluter Sicherheit bekannt: Auch dieser Mensch wird einmal sterben. Selbst wenn wir den Zeitpunkt des Todes nicht wissen können, sicher ist, dass er unausweichlich am Ende dieses Erdenlebens steht.

Für viele Menschen ist es nicht einfach, diese ungeheure Härte zu ertragen, und so gibt es viele Versuche, die Wirklichkeit des Todes zu verdrängen. Bei schweren Erkrankungen spricht man vom Tod manchmal als dem »Erlöser«. Auch in der Literatur wird er oft als »Bruder des Schlafes« oder als »Gefährte« romantisiert. Das ändert aber nichts daran, dass das Sterben und der Tod für uns alle etwas Erschreckendes ist und dass sich ein Mensch betrügt und seine Gefühle verleugnet, wenn er behauptet, er habe keine Angst vor dem Tod.

Der Tod ist die große Bedrohung für uns Menschen, und auch die christliche Religion macht in keinem Moment den Versuch, ihn zu verharmlosen. In der Bibel wird er als »Schrecken« bezeichnet, der über uns Menschen verhängt ist, und deshalb braucht sich niemand zu schämen, wenn dieser Schrecken Ängste auslöst.

Kein Mensch weiß, was nach dem Tod aus ihm wird. In vielen Kulturen der Menschheitsgeschichte hat es in mannigfacher Weise den Glauben an ein Weiterleben nach dem Tod gegeben. Auch im oben genannten Text des 1. Korintherbriefs geht es um die Frage der Auferstehung und damit um die Frage nach Unsterblichkeit. Was für den modernen Menschen unmittelbar einsichtig ist, ist die Feststellung, dass es kein Erwachen mehr gibt, wenn der Leib gestorben ist. Eine Seele ohne Leib ist noch nie aufgetaucht. Lediglich in der christlichen Religion wird davon berichtet, dass Jesus Christus als einziger Mensch, der je gelebt hat, auferstanden ist. Seine Auferstehung, darauf weist auch Paulus hin, gilt für den Gläubigen als bezeugt und ist für ihn zugleich Garantie der Auferstehung, die allen Menschen zuteilwird. Aber diese

Bezeugung der Wirklichkeit, die in den biblischen Schriften und insbesondere bei Paulus niedergelegt ist, ist nicht wie die Bezeugung von Realitäten auf die äußere Welt gerichtet.

Es gibt in unserer aufgeklärten Welt des 21. Jahrhunderts keine sinnliche Erfahrung, sich eine Seele ohne Leib vorstellen zu können. Dennoch ist festzuhalten, dass sich über die Jahrtausende der Menschheitsgeschichte hin viele kluge und weise Menschen an der Unsterblichkeit beziehungsweise an den Gedanken darüber abgearbeitet haben. Sicher ist, dass die Vorstellung von Unsterblichkeit weder zu widerlegen noch zu beweisen ist.

Es gibt heute viele, die die persönliche Unsterblichkeit gedanklich aufgegeben haben, weil sie sie auf ihre Kinder projizieren: »Ich sterbe zwar, aber meine Kinder leben mit meinen Vorstellungen und meinen Genen weiter.« Der Verzicht auf die eigene Unsterblichkeit mündet in der Gewissheit, dass sie in anderer Weise und in anderem Gewand möglich wird. Aber auch mit diesem Gedanken, wenn er denn weitergedacht wird, kommt es irgendwann einmal zum Ende. Denn die Unsterblichkeit an jemanden weiter zu delegieren, der selbst sterblich ist, wird irgendwann dazu führen, dass sie sich verflüchtigt.

Es gibt nur eine Möglichkeit, Unsterblichkeit zu begreifen, nämlich in dem Gedanken, dass Gott ist. Dies wäre eigentlich genug. Daraus könnte gefolgert werden: Ich als Individuum will nichts für mich, sondern ich will nur das, was er will, und das bleibt mir unbekannt und verborgen. An diesem Punkt wäre eine Grenze erreicht, an der alles – das Universum, die Geschichte, wir selbst – aufhört und in den allumgreifenden Seinsgrund der Schöpfung eingeht.

Diesen Aspekt möchte ich nun aus meiner psychoanalytischen Perspektive genauer betrachten. Sigmund Freud hat bekanntermaßen die Religion und auch eine Vorstellung von Gott oder einem Weiterleben nach dem Tod in den Bereich der Illusion verwiesen. Insbesondere in seiner Arbeit »Jenseits des Lustprinzips« (1920) spricht er davon, dass er einen Todestrieb für entscheidend hält, der dem Leben von Beginn an entgegenwirkt. Für ihn war der Tod das von Geburt an vorbestimmte, natürliche Ende des Lebens. Bei seiner Beschäftigung mit dem Unbewussten hat er aber festgestellt: Das Unbewusste kennt den Tod nicht. Das führte ihn zu der Überlegung, dass im Grunde kein Mensch an seinen eigenen endgültigen Tod glaubt, vielmehr ist im Unbewussten jeder von uns von seiner Unsterblichkeit überzeugt.

Die Überlegungen, die ihn zu diesem Ergebnis führten, entwickelte er in der Unterscheidung von Primär- und Sekundärprozessen als zwei unterschiedlichen Denkstrukturen. Den Primärprozess weist er dem Unbewussten zu, den Sekundärprozess dem bewussten Denken. Im Sekundärprozess gelten die Gesetze der binären Logik, das heißt: Wenn sich ein Mensch als Mann definiert, kann er nicht gleichzeitig Frau sein, oder wenn A größer als B ist, so kann B nicht größer als A sein. Im Primärprozess hingegen herrscht Zeitlosigkeit und das Changieren zwischen äußerer und innerer Realität ist ständig präsent. Im Primärprozess gibt es keine zeitliche Abfolge, Gegensätze können nebeneinander existieren. Das Unbewusste kann deshalb den eigenen Tod nicht denken, da es dort eben keine Zeitvorstellung gibt. Deshalb gibt es auch keine Vorstellung vom Tod als Ende. Im Sekundärprozess schließen sich Tod und Leben aus. Im Primärprozess kann zum Beispiel im Traum der eigene Tod betrachtet werden und eine Auferstehung folgen.

Eine wichtige Erkenntnis und Weiterentwicklung, um sich psychoanalytisch der Unsterblichkeit zu nähern, ist in der Bi-Logik Matte Blancos dargelegt. Matte Blanco war auch Mathematiker und setzte sich mit der Mengenlehre auseinander. Den Begriff der unteilbaren, unendlichen Menge übertrug er auf bewusste und unbewusste Denkvorgänge und bezeichnete die Form der klassischen Logik, die in bewussten Denkprozessen vorherrscht und die darauf angelegt ist, Unterschiede festzustellen, als asymmetrisch. Die Form von Logik, die die unbewussten Denkprozesse bestimmt und auf die Herstellung von Gemeinsamkeiten und das Ausgleichen von Unterschieden angelegt ist, bezeichnete er dagegen als symmetrisch.

Er stellt fest, dass das Unbewusste nach der Logik der Symmetrie funktioniert. Das heißt, im Primärprozess des Unbewussten können asymmetrische Aussagen, zum Beispiel: »Max ist ein Mann und keine Frau«, so verändert werden, dass sich in der symmetrischen Logik Max jederzeit in eine Frau verwandeln kann. Matte Blanco hat fünf Stufen des Unbewussten beschrieben. Auf der ersten ist durchaus noch das Denken in asymmetrischen Beziehungen möglich und bleibt sehr nah an der bewussten Ebene. Auf der fünften Stufe hingegen beschreibt er die absolute Symmetrie. In der Mengenlehre entspricht dies dem Begriff der unteilbaren Menge, die unendlich ist. Diese kennt keinen Anfang und kein Ende, nicht Leben und Tod, nicht Sein und Nichtsein. Diese tiefste Schicht des Unbewussten ist deshalb nicht benennbar und kann als nicht symbolisierhaftes, unteilbares Sein bezeichnet werden. Im Alten Testament wird, bevor Gott das Schöpfungswort »Es werde Licht« sprach, ein Urzustand benannt, der mit dem symmetrischen Sein gleichzusetzen ist. In dem Augenblick, in dem Gott das Schöpfungswort spricht und die Schöpfung, also das Seiende entsteht, entwickelt sich auch eine Differenz zum nicht symbolisierbaren, unteilbaren Sein. Dies ist für uns Menschen ein existenzielles Lebensgefühl und vermittelt uns den Erfahrungsinhalt, dass ich selbst bin, dass ich lebe und dass ich im Gegensatz zum Nichtsein und zur Leere existiere. Gott wäre aus dieser Perspektive das in sich selbst ruhende Sein. Dieses Sein ist allgegenwärtig, allwissend und ewig. Gott existiert dann jenseits von Zeit und Raum in einer ewigen unveränderlichen Ruhe. Wenn wir nun diese Gottesvorstellung auf den Tod projizieren, der letztlich auch allgegenwärtig, allmächtig, stumm und schweigend ist, dann heißt dies, dass auf der tiefsten Stufe des Unbewussten hier eine Identität festzustellen ist. Weiter gedacht könnte dies bedeuten, dass im Tod die größte Nähe zu Gott entsteht.

Bei der tiefenpsychologischen Behandlung von Menschen, die eine lebensbedrohliche Krankheit hatten und dann auch verstarben, fiel mir auf, dass in den letzten Tagen vor dem Ableben positive Erinnerungen lebendig werden in Bezug auf die Beziehung zur Mutter. Psychoanalytisch könnte das bedeuten, dass die Angst vor dem Tod durch ein absolut gutes inneres Objekt mit dem Bild einer idealisierten Mutter verknüpft ist. Bei der Langzeitbehandlung eines evangelischen Pfarrers, den ich bis zu seinem Todestag begleitete, sprach er in der letzten Therapiestunde (vier Stunden vor seinem Tod) noch von seiner Mutter als einer Instanz, die ihn tröstet und schützt. Ihm fiel dann eine Sequenz aus dem katholischen Rosenkranz ein. Dort heißt es: »Maria, Mutter Gottes, bitte für uns, jetzt und in der Stunde unseres Todes.« Aus meiner Sicht kann das bedeuten, dass die Mutter Gottes und die eigene Mutter hier miteinander verschmelzen und dass sie ihrem Kind (eine häufige Regression kurz vor dem Ende) auch noch im Tod schützend zur Seite steht. Noch weiter gedacht, könnte das bedeuten, dass die Entstehung und Geburt aus dem Mutterleib mit der Loslösung vom Mutterleib und dem Beginn der eigenen Existenz am Ende dann eine Rückkehr in den Mutterleib bedeutet, es also zu einer Verschmelzung zwischen der Sekunde kurz vor dem ersten und dem letzten Atemzug kommt.

Diese Gedanken sind, so merkwürdig es klingen mag, auch eine wichtige Botschaft des Textes aus dem 1. Korintherbrief. Die Korinther waren der Ansicht, jetzt schon im Besitz des ewigen Lebens zu sein. Sie hielten deshalb eine zukünftige Auferstehung gar nicht für nötig. Sie lebten in einem selbstgenügsamen Leben und hielten es für das ewige. Gegen diese Position trat Paulus auf. Wir können, so sagte er, im gegenwärtigen Leben den Tod nicht überheblich hinter uns lassen, das ewige Leben steht noch aus. Das, was auf uns zukommt, ist zunächst der Tod. Wenn wir ihn aber mit einem psychoanalytischen Blick betrachten, so bekommt er durch die Vorstellung, den Ort des Urzustandes, also den mütterlichen Schoß wieder zu erreichen, einen tröstlichen Aspekt. Im Augenblick des Todes wird Trost offenbar unbewusst vor allem durch die Gegenwart einer mütterlichen Kraft gewährt.

Nach Paulus hat unser gegenwärtiges Leben eine Bedeutung für die Ewigkeit. Deshalb sind die Entscheidungen, die wir in unserem irdischen Dasein treffen, nicht gleichgültig. Wir können nicht so leben, als ob es um nichts ginge, sonst verfallen wir dem Nichtigen. Paulus sagt, dass die Predigt leer bleibt, wo sie nicht die Auferweckung zur Sprache bringt, und doch darf nicht in oberflächlicher Weise von ihr die Rede sein. Das wäre der Fall, wenn durch die Auferstehungsrede der Tod übersprungen würde. Dem gegenüber spricht Paulus ganz direkt von der Auferstehung der Toten und verkündet Christus, den Gekreuzigten, als den Auferweckten. Was heißt das? Negativ zunächst dies: Auferstehung, das ist nicht die Wiederherstellung unseres Lebens, wie wir es vom irdischen Dasein her kennen. Nur, wo wir angesichts des Todes unserer eigenen Unmöglichkeit gewahr werden und unserem Egoismus abschwören, werden wir der Auferstehungswirklichkeit teilhaftig. Anders gesagt: Nur wenn wir mit Christus sterben, werden wir mit ihm leben. Wenn wir dann noch die psychoanalytischen Überlegungen integrieren, sind die Fantasien vieler Sterbenden, die auf die Mutter als Schutz bezogen sind, auch in diesem Sinn zu erweitern: Mit Christus sterben heißt, dass er auch mütterliche Züge für uns annimmt. Letztendlich ist aber daran nicht zu rütteln, dass der Auferstehungsglaube sich nicht im Fürwahrhalten einer vergangenen beziehungsweise zukünftigen wundersamen Begebenheit erschöpft, sondern Nachfolge bedeutet in dem Sinn, dass Christus von den Toten auferweckt wurde. Die Auferstehung ist demnach nicht nur ein zeitlich zu begreifendes Später, nicht nur ein Übermorgen, sondern das Jenseits, das Ziel unseres gesamten Seins, in dem jede Gegenwart ihre Bestimmung hat. Wenn es in einem christlichen Totengebet heißt: »Herr, gib ihm die ewige Ruhe und das ewige Licht leuchte ihm«, können die Begriffe »Ruhe« und »Licht« als Zeichen der Verwandlung verstanden werden. Die Vorstellung des ewigen Lichts ist durchaus mit einer Unsterblichkeitsfantasie verbunden, also mit einem Licht, das niemals verlischt.

Das ewige Licht, das wir in unseren unbewussten Vorstellungen haben, heißt auf den christlichen Glauben bezogen: bei Gott sein. Das zu wissen, könnte für jeden Christen genügen. Ewiges Leben meint deshalb kein gespenstisches Jenseits, sondern das Aufgehobensein in göttlicher Liebe. Was Liebe war in einem Leben, wird in Gott bewahrt, und die Sehnsucht nach Liebe findet in ihm ihre Erfüllung. Deshalb gehen die menschlichen Beziehungen, in denen sich die Liebe verwirklicht, in Ewigkeit nicht verloren. Das darf ein Trost sein, wo der Tod eine Beziehung zerrissen hat. In Gott wird die Gemeinschaft der Lebenden bewahrt, denn in Christus hat sich Gott selbst als ewige Liebe gezeigt.

Das Leben, Sterben und die Auferstehung Jesu gibt uns die Gewissheit: Er, der in Liebe alles hingab, zuletzt sich selbst, geht als der wahrhaft Lebendige hervor. Er ist von den Toten auferweckt worden als Erstling der Entschlafenen. Daran, so Paulus, hängt alles, und daran soll im Tod und Leben alles hängen. Die Äußerungen in 1 Korinther 15 zeigen, dass im Glauben Begriffe wie »Ewigkeit« und »Unsterblichkeit« Hoffnungen sind, die nie verlöschen dürfen. In Gott aufgehoben zu sein außerhalb von Raum und Zeit und in den mütterlichen Schoß zurückzukehren im Sinn eines Trostes im Sterben geben unserem irdischen Dasein als Menschen einen tiefen Sinn.

Anselm Grün

Rettung aus der Todesnot

2 KORINTHER 1,8-10

Paulus spricht an dieser Stelle des 2. Korintherbriefs von einer sehr persönlichen Erfahrung. Er war über alle Maßen erschöpft, sodass er in sich keine Kraft spürte, diese Bedrängnis von sich aus zu überwinden. Es war offensichtlich eine Not, die nach seinem eigenen Dafürhalten im Tod enden würde, und er hatte keine Hoffnung, da herauszukommen. Er willigte gleichsam in sein Todesschicksal ein. Aber dieses Einwilligen, dieses Sich-Ergeben in Gottes Willen hatte für Paulus einen spirituellen Sinn: Er erkannte, dass er sein Vertrauen nicht auf sich setzen kann. Er hat in sich nicht die Kraft, dieser Bedrängnis zu entgehen. Seine Todesnot war für ihn also eine Herausforderung, sein ganzes Vertrauen auf Gott, der die Toten auferweckt, zu setzen. Sein Vertrauen wurde belohnt: Gott hat ihn errettet.

Wir können heute nicht mehr genau sagen, was diese Todesnot verursacht hat. Der Neutestamentler Hans-Josef Klauck sieht drei Möglichkeiten:

1. Der Aufstand der Silberschmiede in Ephesus, »der vielleicht nicht so glimpflich ablief, wie das bei Lukas den Anschein hat, oder ein anderer Tumult einer aufgebrachten Menge« (Klauck, Brief 20).

2. Eine Kerkerhaft mit drohender Hinrichtung. Der Aufenthalt in einem römischen Gefängnis war immer ein Risiko. Man wusste nie, wie er ausgeht, ob er in der Hinrichtung oder Freilassung endet.

3. Eine lebensbedrohliche Krankheit, bei der Paulus keine Hoffnung mehr hatte, wieder gesund zu werden. Klauck hält diese dritte Möglichkeit für die wahrscheinlichste. Paulus spricht später, in 2 Ko-

rinther 12, von seiner Erkrankung. Aber wir können es nicht sicher wissen. Und es ist letztlich auch nicht so wichtig. Entscheidender ist, wie Paulus mit dieser Todesnot umgegangen ist. Er war auf der einen Seite verzweifelt und willigte in sein Sterben ein. Er unterwarf sich ganz und gar dem Willen Gottes. Auf der anderen Seite vertraute er allein auf Gottes Hilfe. Er sagte sich: Wenn es Gottes Wille ist, kann er mich erretten. Für ihn war diese lebensbedrohliche Situation eine Einladung, auf den Gott zu vertrauen, der die Toten auferweckt. Er hat also in dieser Situation hautnah das Geheimnis von Tod und Auferstehung Jesu miterlebt. Und so vertraute er darauf, dass Gott ihn auch weiterhin retten wird und ihn am Leben erhält, um weiterhin die Botschaft Jesu den Völkern verkündigen zu können.

Paulus erzählt diese persönliche Erfahrung seiner Todesnot nicht, um damit anzugeben, sondern um die Korinther zum Vertrauen in Gottes Hilfe und Beistand in allen Nöten zu ermutigen. Und er erzählt auch davon, damit wir wie er auf Gottes Hilfe vertrauen. Wir kennen selbst Situationen, in denen wir verzweifeln. Wenn jemand die Diagnose Krebs oder einer anderen schweren Erkrankung erhält, kommen manchmal solche Gedanken hoch. Wir zweifeln daran, dass wir überleben. Alles Vertrauen ins Leben bricht in uns zusammen. Oder wir geraten in finanzielle Engpässe und verlieren alle Hoffnung, unser Leben meistern zu können. Manche erfahren diese Todessituation heute auch, wenn sie öffentlich angeprangert werden. Sie haben dann das Gefühl, dass sie keine Chance haben, in dieser Gesellschaft ihren Weg gehen zu können. Sie sind gleichsam tot.

Wenn wir in einer solchen Situation sind, ist der Weg, den Paulus uns persönlich vorgelebt hat: alle Hoffnung auf die eigenen Kräfte aufgeben, die Verzweiflung zulassen, aber doch die Hoffnung auf Gott setzen, der die Toten auferweckt. Gott kann immer noch ein Wunder wirken. Er hat Jesus von den Toten auferweckt. Er kann auch uns aus dieser Todesnot befreien.

Die Haltung, die Paulus gegenüber einer schier aussichtslosen Situation an den Tag legt, wird für mich erfahrbar in der Vaterunserbitte: »Dein Wille geschehe.« Manche können diese Stelle nicht mehr beten, weil sie Angst haben, Gott könnte ihnen einen lieben Menschen durch den Tod entreißen. Sie haben vielleicht erfahren, dass jemand, für den sie so viel gebetet haben, trotzdem gestorben ist. Doch für mich heißt »Dein Wille geschehe«: Ich überlasse mich dem Willen Gottes. Der kann zu meiner Errettung aus der Not führen. Aber es kann auch sein, dass ich mit dieser Krankheit sterben werde. Dann vertraue ich trotzdem darauf, dass es Gottes Wille ist.

Als ich vor einigen Jahren mit der Diagnose Nierenkrebs konfrontiert war, hat mir die Bitte »Dein Wille geschehe« geholfen, mit der Krankheit umzugehen. Auf der einen Seite hoffte ich, es würde Gottes Wille sein, dass ich gesund werde. Auf der anderen Seite spürte ich bei dieser Bitte eine innere Freiheit: Wenn ich mich dem ergebe, vertraue ich darauf, dass es gut ist, wie es werden wird. Selbst wenn ich sterbe, werde ich in Gottes gute Hände hineinfallen. So war ich bei aller Hoffnung, dass Gott mir die Heilung schenkt, doch innerlich frei und offen für jeden Weg, den er mir zugedacht hat. In dieser Situation wurden mir die Erfahrungen des Paulus ein Bild, wie ich meine Todesnot bestehen kann und wie ich all mein Vertrauen auf Gott setze und nicht auf meine eigenen Fähigkeiten.

Im 1. Thessalonicherbrief heißt es: »Gottes Wille ist eure Heiligung« (1 Thessalonicher 4,3). Man könnte das übersetzen mit: Gott will, dass du geheilt bis, dass du herausgenommen bist aus der Macht dieser Welt. Ganz gleich, ob wir die Todesnot überwinden oder ob das Todesurteil, von dem Paulus spricht, vollzogen wird: In beiden Situationen sind wir in Gottes Hand. So haben weder Leben noch Tod über uns Macht. Wir haben in uns einen Bereich jenseits von Leben und Tod. Das schenkt uns innere Freiheit der äußeren Situation gegenüber. Dieses Bild war für mich während meiner Krebserkrankung hilfreich. Es geht nicht um Leben oder Tod, sondern darum, dass ich jetzt schon aus dieser Welt hineingehoben bin in die transzendente Welt, in die Welt Gottes. Und in dieser Welt ist es nicht mehr entscheidend, ob das Todesurteil an mir vollzogen oder ob es aufgehoben wird, um mit den Worten des Paulus zu sprechen.

Anselm Grün

Wir schauen wie in einem Spiegel

2 KORINTHER 3,17f

»Der Herr ist der Geist«, lautet der erste Satz dieses Textes aus dem 2. Korintherbrief. Damit ist keine Definition Jesu gemeint, sondern Paulus identifiziert ihn hier als den Geist, von dem er schon öfter in diesem Brief geschrieben hat. Wenn Paulus sagt »Jesus ist der Geist«, wird dieser Geist als bekannt vorausgesetzt. Gott wirkt durch den Geist. Wenn Paulus Jesus den Geist nennt, dann erinnert er uns daran, dass Christus geistig unter uns ist. Er war bereits im Offenbarungszelt gegenwärtig, in das Mose hineinging, um Gottes Gegenwart zu erfahren. Für uns ist sozusagen das neue Offenbarungszelt Christus. Das bedeutet mehr, als dass er durch sein Wort oder durch die Erinnerung unter uns ist. Der katholische Exeget Karl Hermann Schelkle drückt es so aus: »Christus ist in jeder Zeit anwesend als der mächtige, wirkliche, wirkende Geist« (Schelkle 74). Und wo Christus unter uns ist, da ist Freiheit. Das ist ein wichtiges Kriterium für den Glauben an Jesus Christus als unseren Erlöser. Leider haben die Christen das viel zu selten verstanden und die Menschen genauso unter Normen gestellt, wie es das Gesetz tat, das Paulus durch Christus entmachtet sieht. Kurz zuvor schrieb Paulus: »Der Buchstabe tötet, der Geist aber macht lebendig« (2 Korinther 3,6). Das alttestamentliche Gesetz war durchaus eine Wohltat für die Menschen. Aber bei manchen Pharisäern bestand eben die Gefahr, dass der Buchstabe wichtiger war als der Geist. Diese Gefahr besteht in der christlichen Kirche genauso. Sie tut sich heute ebenso schwer, den Geist der Freiheit zuzulassen und zu verkünden wie damals die Anhänger der pharisäischen Richtung im Judentum.

Ich erlebe viele Christen, die absolut nicht frei sind. Sie haben ständig Angst, ein Gebot zu übertreten. Sie meinen, sie seien nur gut, wenn sie die Normen ihres eigenen Über-Ichs erfüllen. Sie verwechseln die Gebote Gottes mit den Forderungen ihres Über-Ichs. Die Freiheit ist ein wichtiges Kriterium, ob wir Jesus wirklich verstehen oder ob wir uns ein Bild von ihm zurechtgezimmert haben, das uns ständig mit einem schlechten Gewissen plagt. Es geht jedoch um die innere Freiheit, nicht um Zügellosigkeit. Manche Gegner des Paulus haben ihm seine Theologie der Freiheit als solche ausgelegt. Das geschieht auch heute noch den Predigern, die im Geist des Paulus die Freiheit verkünden. Sobald ein Theologe den Geist der Freiheit in seine Lehre einfließen lässt, wird er von manchen scharf angegriffen. Die Verlautbarungen der Glaubenskongregation in den letzten Jahren lassen jedenfalls diesen Geist der Freiheit vermissen. Alles muss wieder festgelegt werden. Da werden Lehren festgeschrieben, die mit der Botschaft Jesu gar nichts mehr zu tun haben.

Im zweiten Vers bezieht sich Paulus vermutlich auf die Erfahrungen, die Menschen in Mysterienkulten machten. Man glaubte, dabei geschehe Verwandlung auf magische Weise »durch Blick in einen Zauberspiegel oder Anschauen eines Götterbildes, dem sich der Myste im Prozess des Schauens mehr und mehr angleicht« (Klauck, Konflikt 41). Wir schauen in unserem Glauben aber weder in einen trüben Spiegel noch in einen Zauberspiegel, sondern in das Antlitz Jesu Christi, der das Ebenbild Gottes ist. Im Auferstandenen leuchtet der Glanz göttlicher Herrlichkeit auf. Indem wir auf Christus schauen, werden wir mehr und mehr in ihn hineinverwandelt und Gottes Glanz leuchtet in uns auf. Um Verwandlung ging es auch in den Mysterienkulten. Durch das Schauen heiliger Geheimnisse hoffte man, verwandelt zu werden und Anteil zu erhalten am Leben des Gottes, dessen Kult man feierte: »Es geht immer um eine Steigerung von Lebenskraft und Lebenserwartung, die durch die Teilhabe am unzerstörbaren Leben einer Gottheit gewährleistet werden soll« (Klauck, Die religiöse Umwelt 82).

Für mich ist das ein zentraler Satz. Er bedeutet zum einen, dass wir im Antlitz Christi seine Herrlichkeit schauen und dadurch in sein Bild verwandelt werden. So leuchtet in uns die ursprüngliche Herrlichkeit auf, die Gott bei der Erschaffung des Menschen allen Menschen zugedacht hat. Denn Gott hat den Menschen nach seinem Bild und Gleichnis geschaffen (vgl. Genesis 1,26). Thomas von Aquin hat diesen Vers so gedeutet, dass Gott sich von jedem Menschen ein einmaliges Bild macht und es ihm einprägt. Unsere Aufgabe ist, dieses einmalige Bild in seiner ursprünglichen Klarheit und Herrlichkeit aufleuchten zu lassen. Wir können das auch psychologisch betrachten und formulieren: Im Blick auf Christus erkenne ich mein wahres Selbst. Ich werde frei von den Bildern, die andere mir übergestülpt haben, zum Beispiel von den Bildern und Erwartungen, die die Eltern auf mich projiziert haben. Aber ich werde auch frei von meinen Selbstbildern, von Bildern der Selbstentwertung (»Ich bin nicht richtig, mit mir kann es niemand aushalten, ich bin schwierig«) und Bildern der Selbstüberschätzung (»Ich muss immer perfekt sein, cool, erfolgreich, alles im Griff haben«). Im Blick auf Christus erkenne ich, wer ich bin. Ich entdecke meine ursprüngliche Gestalt. Im Griechischen steht hier das Wort *doxa*, das »Glanz« und »Herrlichkeit« bedeutet, aber auch »Gestalt«. Der Blick auf Christus stülpt uns nicht das Bild eines perfekten Menschen über, das wir nie ausfüllen können. Vielmehr bringt uns der Blick auf Christus in Berührung mit unserem wahren Selbst, mit der einmaligen Gestalt, die Gott uns zugedacht hat.

Zudem werden wir im Schauen auf Christus und in der Begegnung mit ihm in sein Bild verwandelt. Heute versuchen viele Menschen, Veränderungsprozesse in Gang zu setzen. Doch im Verändern steckt etwas Aggressives und der Gedanke: Ich muss ein anderer werden. Alles muss ganz anders werden. In der Absicht, mich zu verändern, liegt eine Ablehnung meiner selbst, so wie ich jetzt bin. Doch das, was ich an mir ablehne, bleibt an mir hängen. Verwandlung ist sanfter: Alles darf sein. Ich würdige mich so, wie ich geworden bin. Aber ich bin noch nicht der oder die, die ich von meinem Wesen her sein könnte. Ich erkenne mich im Spiegel Christi mit allen meinen Fehlern und Schwächen. Aber zugleich erkenne ich mein wahres Wesen, mein unverfälschtes und ursprüngliches Selbst. Und so werde ich im Blick auf Christus immer mehr in das reine und klare Bild Gottes in mir verwandelt. Das Ziel der Veränderung ist, ein anderer zu werden. Das Ziel der Verwandlung ist, immer mehr ich selbst zu werden.

Paulus gebraucht hier das Wort *metamorphoustai*, verwandelt werden. Es kommt in Ovids beliebtem Werk »Metamorphosen« vor und auch in den Mysterienkulten ging es um Verwandlung. Apuleius, Rechtsanwalt und Redner des 2. Jahrhunderts nach Christus, beschreibt die Isis-Mysterien: Der Held Luzius wird in einen Esel verwandelt. Bei einer Isis-Prozession wird er in einen Menschen zurückverwandelt. Klauck deutet das so: »Durch Nachgeben seinen Lüsten und Begierden gegenüber führt der Mensch ein tierisches Leben, bis er durch Bekehrung zur Isisreligion ein echtes, menschenwürdiges Leben neu in Angriff nehmen kann« (Klauck, Die religiöse Umwelt I, 116).

Solche Beschreibungen bilden den Hintergrund für den Paulustext und seine Rede von der Verwandlung im Schauen auf das Antlitz Christi. Wir werden nicht nur von unserer Tiernatur in einen Menschen verwandelt, der sich von seiner Vernunft und von der Liebe leiten lässt. Der Blick auf Christus soll uns vielmehr über unsere menschliche Natur hinausheben. Erst wenn wir offen werden für das Geheimnis Christi, werden wir ganz Mensch. Dieses Bild hatte auch Alfred Delp vor Augen, als er im Gefängnis schrieb: »Nur über sich hinaus wird der Mensch er selbst. Nur jenseits seiner existieren die Kräfte und Mächte, deren er bedarf, um er selbst zu sein und in die Freiheit zu gelangen, die er als Luft und Licht seiner Verwirklichung braucht« (Alfred Delp, Aus dem Gefängnis 181). Dieses Bewusstsein, dass er über sich hinausragt in die Welt Gottes hinein, hat es ihm ermöglicht, die Folterungen im Gefängnis und die ständigen Verletzungen auszuhalten. Denn mitten in den Schmerzen hat er erfahren, dass er über sich hinausgehoben ist. Das hat ihm innere Freiheit geschenkt.

Die Mystiker haben diesen Text aus dem 2. Korintherbrief geliebt. Meister Eckhart bezieht ihn auf die Verwandlung in der Eucharistie. Er schreibt: »Denn wir sollen in ihn verwandelt und völlig mit ihm vereinigt werden, sodass das Seine unser wird und alles Unsere sein, unser Herz und das seine ein Herz, und unser Leib und der seine ein Leib. So sollen unsere Sinne und unser Wille und Streben, unsere Kräfte und Glieder in ihn hineingetragen werden, dass man ihn empfinde und gewahr werde in allen Kräften des Leibes und der Seele« (Schmeller 230). Das Ziel ist, dass wir in Christus hineinverwandelt werden, dass unser Herz nicht nur von seinem Herzen geprägt wird, sondern zu seinem Herzen wird. Im Einswerden mit Christus werden wir in sein Bild verwandelt, werden wir von seinem Geist und von seiner Liebe durchdrungen.

Paulus spricht also hier von einer mystischen Erfahrung, wenn wir im Schauen auf das Antlitz Jesu in sein Bild verwandelt werden. Das ist jedoch kein fremdes Bild, sondern jenes, das unserem wahren Wesen entspricht. Die Verwandlung in das Bild Christi bedeutet innere Heilung. Unser Wesen wird nicht mehr von fremden Bildern verstellt, sondern kommt durch den Blick auf Christus zur Geltung. Die mystische Erfahrung führt immer auch zu einer neuen Selbsterfahrung, die uns guttut. Carl Gustav Jung würde es die Erfahrung der eigenen Selbstwerdung nennen. Geistliche und psychologische Erfahrung gehören zusammen. Der spirituelle Weg ist immer auch ein therapeutischer Weg. Die griechischen Kirchenväter haben das verstanden. Sie sehen Jesus als den Arzt, den Gott geschickt hat, um vor allem unsere seelischen Krankheiten zu heilen. Origenes nennt Jesus sogar den Oberarzt oder Chefarzt (*archiiatros*), der alle anderen Ärzte, etwa die Propheten, übertrifft und uns von der tiefsten Wunde, der Selbstentfremdung, zu heilen vermag. Der »Chefarzt Jesus« befreit uns von falschen Selbstbildern und deckt in uns das ursprüngliche Bild auf. Wenn wir mit diesem Bild in Berührung sind, werden wir seelisch gesund, dann verschwinden unsere krankmachenden Lebensmuster.

Anselm Grün

Gott als Licht

2 KORINTHER 4,6

Paulus bezieht in diesem Vers die Erfahrung der Erleuchtung auf die Schöpfung: Die Erfahrung Jesu Christi und seiner Botschaft ist wie eine Neuschöpfung. Gott scheidet bei der Schöpfung Licht und Finsternis. So scheidet die Botschaft Jesu in uns das Licht von der Finsternis. Die Verdunklungen, die unser wahres Wesen verfälschen, weichen dem Licht. In diesem Licht sehen wir uns selbst als neue Menschen. Was in der Schöpfung am Kosmos geschah, das geschieht in der Begegnung mit Christus mit uns. Wir werden als neue Menschen geschaffen. Die alten Maßstäbe und Lebensmuster, die unser Wesen verdunkeln, gelten nicht mehr. Gott schafft uns in Jesus Christus neu. Und diese Neuschöpfung zeichnet sich durch Licht, durch Erleuchtung aus. Wir kommen in der Erleuchtung Gott selbst nahe, dürfen Gott erfahren und mit ihm eins werden.

Christi Licht ist in unseren Herzen aufgeleuchtet, »damit wir erleuchtet werden zur Erkenntnis des göttlichen Glanzes auf dem Antlitz Christi«. Hier steht im Griechischen das Wort *gnosis*. Die Gnosis war zur Zeit des Paulus eine einflussreiche Bewegung innerhalb und außerhalb des christlichen Glaubens. Sie war geprägt von und entstanden aus der Sehnsucht, tiefere Erkenntnisse zu erlangen, das Geheimnis der Welt und das Geheimnis Gottes zu erkennen, durch Erkenntnis eins zu werden mit ihm.

Paulus ist überzeugt, dass die christliche Botschaft Licht in unsere Finsternis bringt. Wenn wir sie verstehen, hellt sich unsere innere Dunkelheit auf. Was wir bisher nicht verstanden haben, das bekommt auf einmal Sinn. Man könnte diese Erfahrung mit der Erkenntnis vergleichen, die uns manchmal aufgeht, wenn wir einem weisen Menschen zuhören. In Lukians Dialog »Nigrinus« schildert der Dialogpartner, dass er einem Philosophen aufmerksam zuhörte. Da machte er diese Erfahrung: »Es wurde mir so leicht ums Herz, als ob ich aus einer finsteren Höhle, worin ich mein voriges Leben zugebracht, auf einmal in die reinste Luft versetzt wäre und in eine Welt voll Licht und Klarheit hinausschaute« (Schmeller 247). Wenn wir also die Botschaft Jesu aufmerksam hören, geht auch uns ein Licht auf. Dann klärt sich auf einmal das, was wir bisher nicht verstanden haben. Erleuchtung meint auch, dass wir die Schöpfung so sehen, wie sie ursprünglich gedacht ist, dass wir durch alles Trübe hindurch auf das Unverfälschte in der Welt, in uns und in anderen Menschen sehen. Die Mystik ist eine Form von Spiritualität, die uns das Licht Gottes in jedem Menschen und auch im eigenen Herzen erkennen lässt.

Die Kirchenväter nennen die Taufe *photismos*, Erleuchtung. In der Taufe werden uns die Augen geöffnet, damit wir die Welt so sehen, wie sie von Gott geschaffen und gemeint ist. In der Gnosis hat man den Zustand des Menschen oft als Schlaf beschrieben. Er hat sich eingelullt mit irgendwelchen Illusionen über sich und die Welt. Erleuchtung heißt: aufwachen, die Welt so sehen, wie sie wirklich ist, und den Menschen in seinem Wesen erkennen. In der geistlichen und in der therapeutischen Begleitung geht es um dieses Erleuchtet-Werden. Der Gesprächspartner erzählt, was ihn bewegt und bedrängt, womit er nicht zurechtkommt. Indem er erzählt und spürt, dass der Begleiter ihm zuhört, ohne ihn zu bewerten, kann ihm ein Licht aufgehen. Er sieht die Zusammenhänge seines Lebens, erkennt den Sinn seiner bisherigen Lebensgeschichte, seiner Emotionen und Leidenschaften. Dann kann er alles, was in seinem Leben dunkel und brüchig ist, in das Licht Gottes halten. Indem er es Gott hinhält, wird alles in ihm erleuchtet und erhellt.

Die Erschaffung der Welt, wie sie der erste Schöpfungsbericht in Genesis 1 erzählt, ist keine *creatio ex nihilo*, keine Erschaffung aus dem

Nichts, sondern ein Scheiden von Licht und Finsternis. Am Anfang, so heißt es, war die Erde wüst und wirr. Es herrschte also Chaos. Gott hat in der Erschaffung der Welt das Chaos geordnet, er hat Licht von der Finsternis geschieden. So kann man sich auch die Neuschaffung des Menschen auf dem spirituellen Weg vorstellen: Er wird nicht völlig neu, sondern das Chaos seiner Emotionen und Gedanken ordnet sich. Licht wird von Finsternis geschieden. Dann kann der Mensch sich klar erkennen und wird nicht mehr vom Chaos beherrscht. Er tappt nicht mehr orientierungslos im Dunkeln herum: »Wer in der Finsternis geht, weiß nicht, wohin er gerät. Solange ihr das Licht bei euch habt, glaubt an das Licht, damit ihr Söhne des Lichts werdet« (Johannes 12,35f). Christus ist das Licht, das uns zu Söhnen und Töchtern Gottes macht, zu Menschen, die sich selbst als erneuert erfahren.

Wenn wir die Gesprächssituation in der geistlichen und therapeutischen Begleitung mit den Worten des Paulus vergleichen, so erkennen wir, wie wir die Botschaft Jesu verkünden sollen: nicht als etwas, das dem Menschen völlig fremd ist, was ihm von außen übergestülpt wird. Die Verkündigung der Botschaft Jesu sollte vielmehr dazu führen, dass die Menschen sich selbst erkennen, dass ihnen ihre Lebensgeschichte klar wird, dass sie den Sinn in ihrem Leben erkennen und tiefer schauen, auf den Grund allen Seins. Wir verkündigen die Botschaft Jesu also dann angemessen, wenn die Menschen ihr eigenes Licht schauen, wenn sie mit der Weisheit ihrer Seele in Berührung kommen. Das war das Ziel des geistlichen Lebens, wie es der Wüstenvater Evagrius Ponticus beschrieben hat. Für ihn führt das Gebet die Seele »zur wunderbaren Erfahrung eines inneren Lichtes« (Bamberger 19). Er schreibt: »Wenn ein Mensch den alten Menschen abgelegt und den neuen Menschen angezogen hat, der eine Schöpfung der Liebe ist, dann wird er zur Stunde des Gebetes erkennen, wie sein Zustand einem Saphir gleicht, der klar und hell wie der Himmel leuchtet« (zit. bei Bamberger 19f, PG 40,1240). Wenn wir das innere Licht auf dem Grund unserer Seele erkennen, dann leuchtet Gott in unseren Herzen auf und wir erkennen den göttlichen Glanz auf dem Antlitz Christi und auf dem jedes Menschen. Dann sind wir wahrhaft neue Menschen geworden. Das Licht, das in uns aufleuchtet, lässt uns auch die Welt in einem neuen Licht sehen, es erschafft für uns die Welt neu.

Anselm Grün

Der Schatz in zerbrechlichen Gefäßen

2 KORINTHER 4,7-12

In den vorangehenden Texten des 2. Korintherbriefs hatte Paulus häufig von der Herrlichkeit Gottes gesprochen, die in uns aufleuchtet. An dieser Stelle zeigt er, dass das nicht in eine heile Welt hineinführt, sondern dass Gottes Herrlichkeit gerade im Gegenteil in dem aufleuchtet, was uns bedrängt. Wir tragen den Schatz der Herrlichkeit Gottes in »zerbrechlichen Gefäßen«. Paulus spricht mit diesem Bild die Menschen seiner Zeit an, es ist ihnen vertraut aus hellenistischen, philosophischen und auch aus jüdischen Texten. Der römische Philosoph Seneca schreibt: »Was ist der Mensch? Ein Gefäß, durch beliebige Erschütterung und beliebigen Stoß zu zerbrechen« (zit. Schmeller 255). Für Paulus ist das zerbrechliche Gefäß, unser Leib, kein Gegensatz zum Bild der Herrlichkeit Gottes. Das brüchige Gefäß unseres Leibes zeigt vielmehr, dass unsere Kraft von Gott kommt und nicht von uns selbst.

Im Folgenden greift Paulus auf ein weiteres Bild zurück, das seinen Zuhörern sehr wahrscheinlich aus anderen Zusammenhängen geläufig war, den sogenannten Peristasenkatalog. Dieser war in der Antike weit verbreitet. Er sollte zeigen, dass ein großer Mann vieles durchmachen muss und durchstehen kann. In 2 Korinther 4,8–10 formt Paulus diese Gattung jedoch entscheidend um. Einmal dadurch, dass er zu jeder Gefahr, der sich der Mensch ausgesetzt sieht, jeweils die Rettung hinzufügt, »vor allem aber dadurch, dass er sein Leiden und Dennoch-Leben als das Leiden und Sterben Jesu Christi am eigenen Leibe bezeichnet« (Berger 240). So beschreibt er immer neue Nöte und zugleich das Entrissen-Werden aus der Not. Die Bilder, die er verwendet, entstammen verschiedenen Bereichen. Das Wort »niedergestreckt« zum Beispiel verwendet man in Bezug auf den Ringkampf. Es bezeichnet »den abschließenden Wurf des Gegners auf den Boden« (Schmeller 258). Die anderen Bilder beschreiben verschiedene bedrängende Situationen.

Im ersten Teil dieser Aufzählung wird jeweils die Not beschrieben und im zweiten Teil die Aufhebung derselben beziehungsweise die Bewahrung durch Gott. Diese Gegensätze bedeuten für Paulus den Tod und das Leben Jesu Christi. In der Not wird das Todesleiden Jesu (*nekrosis*) an uns sichtbar. In der Aufhebung der Not wird das Leben (*zoe*) Jesu an uns offenbar. In dieser Beschreibung wird also das Wesen unseres Lebens als Christen offenbar: Wir tragen an unserem Leib das Todesleiden Christi. Wir haben teil an seinem Leiden. Aber mitten in unseren Bedrängnissen haben wir auch Anteil am Leben Christi, das sich durch keinen Tod zerstören lässt. Das Leben des Auferstandenen wird uns nicht erst nach dem Tod zuteil, sondern schon hier und jetzt, indem wir mitten im Leiden zugleich Gottes heilende, helfende und befreiende Kraft erfahren.

Paulus schildert hier das christliche Leben nicht als Paradies. Manche meinen, wenn Gott unser liebender Vater ist, dann muss er immer dafür sorgen, dass es uns gutgeht. Doch Paulus rechnet damit, dass unser Leben von Schmerzen geprägt ist, durch Leidenssituationen, durch Scheitern, durch Bedrängnisse aller Art. Diese sind dann nicht ein Zeichen dafür, dass wir zu wenig beten – so wie manche Christen meinen, dass es an unserem Verhalten liegt, wenn es uns nicht gutgeht. Doch Paulus zeigt das Gegenteil: Ob wir wollen oder nicht, es wird uns auch Leid treffen. Das ist dann kein Zeichen von Versagen, sondern dafür, dass wir am Todesleiden Christi teilhaben.

Das ist jedoch nur die eine Seite unseres Lebens. Zugleich haben wir am Leben Christi, am Leben des Auferstandenen teil. So werden wir mitten im Leid immer auch die Aufhebung des Leids erfahren. Allerdings geschieht dies nicht in der Weise, dass das Leid einfach vorbei ist. Vielmehr erfahren wir mitten im Leid ein Getragensein von Gott, das der Not den Stachel nimmt. »Der Jünger, die Jüngerin Jesu wird leiden wie er. Der Trost besteht darin, dass dieses alles nicht einsam erlitten wird, sondern in Weggemeinschaft mit Jesus« (Berger 241).

Paulus beschreibt mit dieser Gegenüberstellung von Not und Befreiung aus der Not das Geheimnis unseres Lebens. Zugleich sieht er darin auch das Geheimnis seiner Sendung. Er hat Anteil am Todesleiden Jesu, damit das Leben Jesu in den Hörern seiner Botschaft sichtbar wird. Er kann es noch anders ausdrücken: In Paulus wirkt der Tod, in den Hörern das Leben. Paulus erleidet gleichsam stellvertretend für seine Hörer den Tod, damit sie das Leben Jesu erfahren. Er muss daher gar nicht mit glänzenden Reden auftreten. Gerade weil er – wie ihm die Korinther vorwerfen – oft in seiner Rede stümperhaft und schwach erscheint, ist er ein glaubwürdiger Zeuge für die Auferstehung Jesu. Paulus selbst zitiert die abfälligen Bemerkungen der Korinther: »Ja, die Briefe, wird gesagt, die sind wuchtig und voll Kraft, aber sein persönliches Auftreten ist matt und seine Worte armselig« (2 Korinther 10,10). Für ihn ist das kein Widerspruch. Er tritt gerade nicht kraftvoll auf, als ob er voller Selbstvertrauen wäre, sondern demütig und bescheiden. Er will für Christus eintreten und nicht sich selbst darstellen.

Das ist eine Spannung, die wir alle kennen. Wir begleiten andere Menschen geistlich oder therapeutisch. Doch wir erfahren dabei auch unsere eigene Zerbrechlichkeit, die eigenen Gefährdungen und Nöte, die eigene Schwäche und Ohnmacht, die eigene Leere. Manche meinen dann, sie dürften andere nicht mehr begleiten, sie dürften anderen nicht predigen, keinen Brief schreiben, um sie aufzurichten, weil sie erst einmal ihre eigenen Probleme lösen sollten. Doch Paulus ist der Ansicht: Gerade, indem ich mich als angefochten erlebe, kann ich im Gespräch für andere zu einer Hilfe werden. Und vor allem kann ich ihnen das Geheimnis Christi verkünden. Denn all das Schwache an mir ist ein Bild für die Passion Jesu. Ich nehme diese Schwäche bewusst an, weil ich nicht selbst im Mittelpunkt stehen und vor den anderen glänzen will, sondern weil ich in der eigenen Schwäche für die Kraft Jesu Zeugnis ablegen kann. Ich vertraue darauf, dass Christus kraftvoll an den Menschen wirkt. Paulus spricht davon, dass das Leben Jesu in den Hörern wirkt. Er verwendet dabei das griechische Wort *energeitai*. Es bedeutet, dass durch die Erfahrung des Leidens das Leben in den Hörern Energie, Kraft auslöst. Gott kann durch die Bedrängnisse des Paulus nur wirken, wenn er sich in den Bedrängnissen von Gott getragen weiß, wenn er darauf vertraut, dass Gott seine Nöte wenden kann. Doch auch wenn er sie nicht wendet, fühlt Paulus sich doch in seiner guten Hand. Das gibt ihm Vertrauen mitten in allen Nöten.

Die Gegensätze von Not und Befreiung aus der Not, aus Bedrängnis und Getragensein in der Bedrängnis beziehen sich nicht nur auf Paulus. Sie beschreiben auch unsere christliche Existenz. Und sie können für jeden Christen, der in Not gerät, ein Trost sein. Horst Bienek hat in seinem Roman »Zelle« eigene Erinnerungen an seine Zeit im sowjetischen Arbeitslager Workuta verarbeitet, in dem er von 1952 bis 1955 interniert war. Er schreibt dort: »Ich erinnere mich auch an eine schöne Stelle in den Korintherbriefen, die ging mir schon ein paarmal im Kopf herum, passt recht gut für Notzeiten […]: Wir haben allenthalben Trübsal, aber wir ängstigen uns nicht, uns ist bange, aber wir verzagen nicht, wir leiden Verfolgung, aber wir werden nicht verlassen, wir werden unterdrückt, aber wir kommen nicht um […] so ähnlich war es, ganz schön tröstend jedenfalls« (zit. Schmeller 261f). Diese Worte – so meint Bienek später – waren für ihn im Arbeitslager Hoffnung: »Das war meine, das war unsere Hoffnung, die Hoffnung von Tausenden. Sie ist es heute noch für Millionen in aller Welt« (Schmeller 262).

So sind diese Worte des Paulus heute genauso tröstlich wie in den vielen Jahrhunderten, in denen Christen Verfolgung, Bedrängnis von außen und innen, Not und Leid erfahren haben. Sie beziehen sich nicht nur auf den Konflikt zwischen Paulus und den Korinthern. Es sind Worte, die immer und überall Geltung haben und den Lesern und

Hörerinnen Trost und Hoffnung vermitteln möchten. Zum einen nehmen sie uns das schlechte Gewissen, das manche Christen haben, wenn ihr Leben in eine Notsituation gerät. Sie meinen, sie seien selbst schuld daran. Das ist eine Deutung, die wir immer wieder hören: »Du machst dir dein Schicksal selbst.« Gegen diese selbstanklagende Sicht vermittelt uns Paulus eine andere: Die Bedrängnisse, Nöte, Verfolgungen in unserem Leben sind nicht verschuldet. Sie sind vielmehr Zeichen dafür, dass wir an Christi Todesleiden Anteil habe. Aber zugleich sollen wir uns immer bewusst machen, dass wir mitten in der Bedrängnis auch Anteil haben am Leben des Auferstandenen. In uns ist etwas, was von der Not und von der Verfolgung nicht berührt ist. So kann uns gerade dann das Geheimnis von Jesu Tod und Auferstehung aufgehen. Tod und Auferstehung sind dann keine theologischen Aussagen, an die wir glauben sollen. Wir erfahren das Geheimnis von Tod und Auferstehung am eigenen Leib. Das verwandelt unser Leben, das verwandelt unseren Umgang mit dem Leid, das uns trifft.

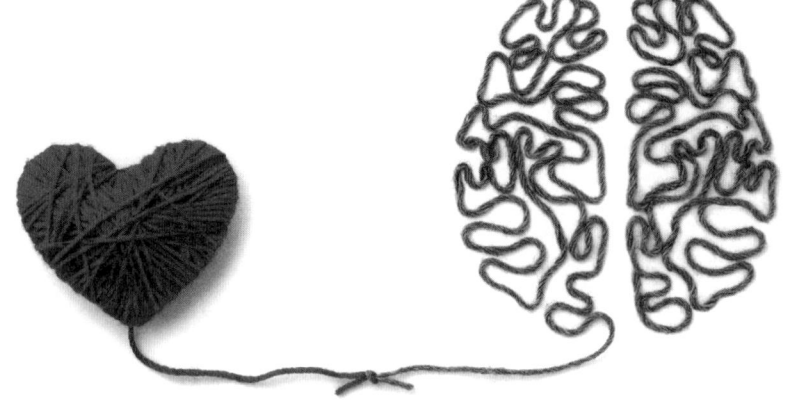

Anselm Grün

Der innere und äußere Mensch

2 KORINTHER 4,16-18

In diesem Text arbeitet Paulus wieder mit Gegensätzen: innerer und äußerer Mensch, kleine Last und ewiges Gewicht an Herrlichkeit, das Sichtbare und das Unsichtbare, vergänglich und ewig. Die Unterscheidung zwischen innerem und äußerem Menschen übernimmt Paulus von Platon. Dessen Bild vom inneren und äußeren Menschen wurde vom jüdischen Philosophen Philo aufgegriffen, der griechische Philosophie mit jüdischem Denken verbinden wollte. Die stoische Philosophie hat diese Vorstellung weiter entfaltet, wenn sie vom Inneren und Äußeren spricht, von dem, was bei uns liegt, und dem, was nicht in unserer Macht steht. Die Stoiker sind überzeugt, »dass das Innere des Menschen von allen Einflüssen unabhängig ist. Was vergänglich ist und untergehen kann, ist allein sein körperlicher Teil« (Schmeller 274). Clemens von Alexandrien meint, für uns Christen sei unsere menschliche Gestalt der äußere Mensch, der göttliche Logos ist dagegen der innere Mensch. Wir sollen wie Christus den göttlichen Logos in uns herrschen lassen. Dadurch werden die Christen »zu Gott, weil sie wollen, was Gott will« (zit. bei Schmeller 275).

Paulus will uns mit dieser Gegenüberstellung nicht auf das Jenseits verweisen, wo wir für immer belohnt werden für das, was wir hier erleiden. Er zeigt vielmehr einen Weg, wie wir hier mit dem Leiden umgehen können, das uns von außen trifft. Die Nöte, die nicht nur unseren Körper betreffen, sondern durchaus auch unsere Psyche, möchten unser Ego aufreiben, damit wir es mehr und mehr loslassen und dem inneren Menschen in uns Raum geben. Der innere Mensch, das kann – psychologisch ausgedrückt – das wahre Selbst sein. Es kann aber auch Christus in uns sein. Dieser wird stärker durch das äußere Leid. Wir werden aufgerieben in unseren Vorstellungen vom Leben. Unsere Illusionen, die wir uns gemacht haben, zerbrechen. Aber gerade so werden wir aufgebrochen für den Christus in uns, für Gott. Paulus spricht von »Tag für Tag«: Täglich werden wir neu aufgebrochen für Gott. Täglich wird unser innerer Mensch erneuert. Wenn das Äußere aufgerieben wird, erscheint das Innere deutlicher und klarer. Und es wird stärker. Bei diesem Prozess des Aufgerieben- und Erneuert-Werdens sollen wir nicht auf das Sichtbare schauen, auf das, was man von außen beobachten kann, sondern auf das Unsichtbare. Das Unsichtbare ist die Seele, ist unser innerer Kern, unser wahres Selbst, das ewig ist. Es wird selbst durch den Tod nicht zerstört. Auch diese Überlegungen sind dem hellenistischen Denken verwandt, denn für Platon ist die eigentliche Welt die Welt der unsichtbaren Ideen. Das Unsichtbare, das ewig ist, kann nicht zerstört werden. Wenn wir mitten im Sichtbaren auf das Unsichtbare schauen, bekommt das Sichtbare keine letzte Macht über uns. Es kann uns verletzen, aber es kann die unsichtbare Welt unseres inneren Menschen nicht zerstören.

Manchem ist diese Sicht vielleicht zu dualistisch, weil es den Anschein hat, dass damit das Sichtbare abgewertet wird. Wir leben in dieser Welt und müssen diese Welt bestehen. Wir müssen unseren Lebensunterhalt verdienen, versuchen, gesund zu leben. All das ist wichtig. Aber es wird relativiert durch das Unsichtbare. Damit wird das Sichtbare nicht entwertet, aber es verliert seine drückende Last. Wenn für mich nur die äußeren Dinge zählen – Besitz, Gesundheit, Erfolg, Anerkennung –, werde ich abhängig. Meine Stimmung wird dann von der Anerkennung der Menschen abhängig. Wenn ich aber auf das Unsichtbare schaue, das nicht erst nach dem Tod kommt, sondern das mich jetzt schon umgibt und mich erfüllt, dann fühle ich mich innerlich frei. Ich gebe dem Menschen, der mich verletzt, keine Macht. Denn in mir ist etwas, das er nicht verletzen kann.

Das Aufgerieben-Werden des äußeren Menschen geschieht aber nicht nur durch Nöte und Bedrängnisse. Es ist ein ganz normaler Prozess: Wenn wir älter werden, haben wir das Gefühl, dass der äußere Mensch aufgerieben wird. Unsere Kräfte schwinden. Unsere Gesundheit ist nicht mehr so stabil. Wir können vieles, was uns wichtig war, nicht mehr tun. Hohe Berge zu besteigen ist beispielsweise in weite Ferne gerückt. Beim Gehen spüren wir Unsicherheit. Wer älter wird, steht vor der Aufgabe, Ja zu sagen zu diesem Aufgerieben-Werden des äußeren Menschen. Aber zugleich soll er darauf vertrauen, dass der innere Mensch wächst. Der innere Mensch ist innerlich versöhnt, milde geworden, ist ein Mensch, der sich für Gott immer mehr öffnet und auf Gott sein Vertrauen setzt. So sind diese Worte des Paulus auch ein Trost, wenn wir älter werden. Ein Mehr an Jahren bedeutet nicht einfach nur Verlust und Schwächung, sondern Stärkung des inneren Menschen und ein Wachsen und Heranreifen, damit die Gestalt Jesu in uns immer sichtbarer wird. Wir erleben das oft bei alten und kranken Menschen, die etwas von der Milde und Liebe Jesu ausstrahlen. Bei ihnen hat man den Eindruck: Der innere Mensch ist gewachsen. Christus strahlt immer mehr durch sie. Und so werden sie zum Segen für andere.

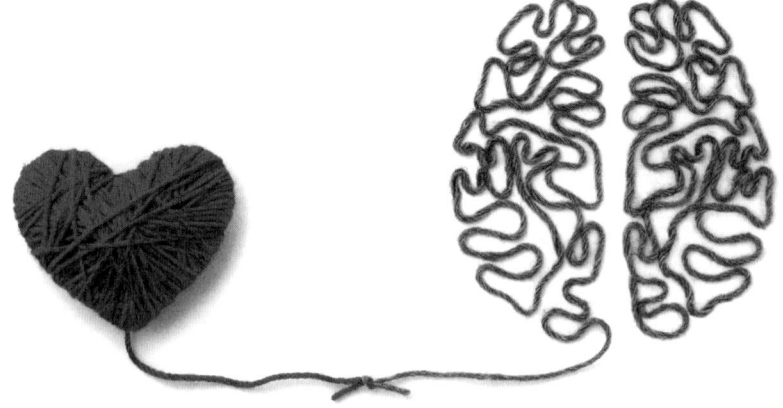

Anselm Grün

Aus dem Leib auswandern

2 KORINTHER 5,1-9

Paulus beschreibt unser Leben als ein Wohnen in Zelten. Doch »wer in Zelten wohnt, führt ein unruhiges Nomadenleben und ist jederzeit zum Aufbruch bereit« (Klauck, Brief 49). Wir sind also hier unbehaust. Das entspricht durchaus dem Gefühl vieler in unserer Zeit und so haben auch einige Dichter den modernen Menschen beschrieben. Paulus gebraucht dieses Bild allerdings in einem anderen Sinn: Der Tod zeigt uns, dass wir hier nicht in einer ewigen Wohnung leben, sondern nur in einem Zelt, das jederzeit abgebrochen werden kann. Wir sehnen uns danach, im Tod nicht »nackt« dazustehen, sondern »überkleidet« zu werden. Es ist ein paradoxes Bild, dass wir mit einem Haus überkleidet werden. Gemeint ist wohl, dass wir im Tod mit dem Auferstehungsleib umkleidet werden. Wenn Paulus sagt: »So bekleidet werden wir nicht nackt erscheinen«, bezieht er sich hier wiederum auf Platon, der davon schreibt, dass die Seelen nach dem Tod nackt vor dem Gericht des Zeus erscheinen müssen. Die Seele wird im Tod des Leibes entblößt. Dagegen sagt Paulus, dass wir im Tod bekleidet werden mit dem himmlischen Leib.

Die Gegenüberstellung von Fremde und Heimat in Vers 6 ist ebenfalls ein typisches Motiv aus der hellenistischen Literatur. Sokrates sagte bei einem Symposium, sein Tod sei ein »Verreisen« mit guter Hoffnung, ein »Umzug *(metoikesis)* der Seele vom hiesigen Ort an einen anderen Ort« (zit. Schmeller 299). Der Philosoph Peter Sloterdijk hat das griechische Wort *metoikesis* mit »Umsiedlung« übersetzt. Zudem ist er der Ansicht, die frühen Mönche in der Wüste seien die Meister der »Umsiedlung« gewesen. Sie fühlten sich in dieser Welt als Fremdlinge und siedelten schon hier um in eine andere Welt, in die transzendente Welt Gottes. Auch wenn Sloterdijk dem Glauben kritisch gegenübersteht, ist er doch von den alten Mönchen fasziniert. Seiner Ansicht nach haben sie eine innere Freiheit erfahren, indem sie in der Wüste, einem Ort, an dem es sich nicht gut leben lässt, schon umgesiedelt sind in eine göttliche Welt. So kann ihnen die Wüste mit ihrer Härte und Dürre nichts anhaben.

Die Gegenüberstellung von Fremde und Heimat finden wir auch bei Philo. Er versteht Heimat als den himmlischen Bereich, den irdischen Bereich dagegen als die Fremde. Auch die stoischen Philosophen kennen dieses Bild. Cicero lässt den alten Cato sagen: »Ich verlasse das Leben wie eine Herberge *(ex hospitio)*, nicht wie (mein) Haus« (zit. Schmeller 299).

Paulus spricht von der Zuversicht, mit der wir hier auf Erden als Glaubende und nicht als Schauende wandeln. Auch hier inkulturiert er das christliche Verständnis von Tod und Auferstehung in die philosophische Kultur, die in Korinth lebendig war. Denn die Zuversicht angesichts des Todes war für die Griechen ein wichtiges Kennzeichen eines echten Philosophen. Er hat keine Angst vor dem Tod. Denn jenseits dessen erwartet ihn das, was er im Leben geliebt hatte: die Weisheit.

Philo versteht die Bilder von Fremde und Heimat anders. Bei ihm ist für einen Menschen, der Gott liebt, das Leben hier ein Aufenthalt in der Fremde. »Aber wenn er allein in seiner Seele leben kann, das hält er für einen Aufenthalt in der Heimat« (Schmeller 301). Das kann man als Bild für das Leben nach dem Tod sehen. Es ist aber auch ein Bild für unser Leben hier. Wenn wir uns innerlich in unserer Seele aufhalten, dann leben wir in der Heimat, denn die Seele ist immer offen für Gott. Paulus drückt das im Philipperbrief ähnlich aus: »Unsere Heimat ist im Himmel« (Philipper 3,20). Wenn wir hier auf Erden im Inneren unserer Seele leben, dann erleben wir hier und jetzt schon den Himmel, sind wir hier und jetzt schon daheim. Doch Paulus zieht es vor, »aus dem Leib auszuwandern und daheim beim Herrn zu sein« (2 Korinther 5,8). Er beschreibt das Leben im Himmel nicht mit Bildern der Seele, sondern mit personalen Kategorien. Himmel heißt: daheim beim Herrn sein. Das Sein mit Christus ist für ihn das Ziel des Lebens. Paulus wäre viel lieber zu Hause bei Christus, in der Gemeinschaft mit ihm. Doch zugleich ist er bereit, in der Fremde weiterzuleben. Entscheidend ist, dass er sowohl in der Fremde wie in der Heimat dem Herrn gefallen will. Ähnlich schreibt Paulus an die Philipper: »Ich sehne mich danach, aufzubrechen und bei Christus zu sein – um wieviel besser wäre das! Aber euretwegen ist es notwendiger, dass ich am Leben bleibe« (Philipper 1,23f).

Diese Haltung des Apostels erlebe ich bei vielen Menschen. Meine Mutter war sehr lebensfroh. Im Alter sagte sie immer: »Ich lebe gerne. Aber wenn Gott will, bin ich auch bereit zu gehen.« Der heilige Martin sehnte sich ebenfalls danach, zum Herrn heimzukommen. Aber die Gläubigen drängten den Bischof, noch bei ihnen zu bleiben. Und so war er bereit, um ihretwillen weiterzuarbeiten. Diese Haltung ist keine Flucht in das Jenseits, sondern lässt uns hier gelassen und voller Zuversicht leben.

Die Erfahrung, die Paulus mit der Spannung zwischen Leben und Tod gemacht hat, betrifft uns alle. Denn wir leben jetzt, aber wir müssen auch damit rechnen, dass wir sterben werden. Es kommt darauf an, mit dieser Spannung gut umzugehen. Paulus ist offen für beide Möglichkeiten. Das schenkt ihm innere Freiheit und Gelassenheit. So können wir von Paulus lernen, Ja zu sagen zu unserem Leben und zu unserem Sterben. Denn ganz gleich, ob wir leben oder sterben, wir tun es mit Christus. In Christus sind wir jetzt schon in der Fremde dieser Welt in unserer inneren Heimat angekommen. Und diese innere Heimat verwandelt unsere Maßstäbe, mit denen wir in der Welt leben. Wir lassen uns nicht mehr bestimmen von dieser Welt. Wir haben jetzt schon Anteil an der ewigen Heimat. Das gibt uns innere Freiheit, auch anderen gegenüber. Wir müssen ihre Erwartungen nicht erfüllen. Wir leben als Menschen, die jetzt schon Anteil haben an der ewigen Heimat. Wir sind jetzt schon mit Christus verbunden. Das befreit uns von der Fesselung durch die Zwänge, denen wir uns selbst unterwerfen. Das Wissen, dass wir jetzt schon unsere Heimat im Himmel haben, lässt uns mit der gleichen Zuversicht, Freiheit und Gelassenheit leben und sterben wie Paulus.

Anselm Grün

Neue Schöpfung

2 KORINTHER 5,14-17

Dieser kurze Text enthält drei wichtige Aussagen. Zunächst: Das Grundgesetz des christlichen Lebens ist die Liebe. Paulus erkennt dieses Grundgesetz am Tod Jesu. Er ist für uns alle gestorben. Dieses Sterben meint keine Sühne für unsere Sünden. Vielmehr ist für jemanden zu sterben der Ausdruck höchster Liebe. Das galt auch bei den Griechen als Gipfel der Freundesliebe, dass einer für den anderen sein Leben hingibt. Die Folgerung, die Paulus aus dem Tod Jesu zieht, ist, dass wir alle gestorben sind. Das ist eine paradoxe Formulierung. In seinen übrigen Texten sagt der Apostel häufig, dass wir aufgrund des Todes Jesu Leben in uns haben. Klauck erklärt die Bedeutung dieses Satzes so: »Sie sollen ihre Egozentrik, das Kreisen um das eigene Selbst überwinden. Das haben sie in Zukunft nicht mehr nötig. Die Lebenshingabe Christi zeigt einen anderen Weg. Aus seinem Sein für uns folgt unser Sein für ihn und, darauf abgeleitet, für andere« (Klauck, Brief 54). Die Folge des Sterbens Jesu für uns ist hier also nicht, dass unsere Sünden vergeben werden, sondern dass wir im Sterben Jesu ein neues Modell für unser eigenes Leben erkennen: ein Leben für andere, ein Leben der Hingabe für andere.

Die zweite Aussage ist, dass wir Jesus nicht mehr nach menschlichen Maßstäben bemessen. Der Neutestamentler Klaus Berger hat diesen Satz so übersetzt und gedeutet: »Von jetzt ab hat sich unsere Beurteilung von Menschen grundlegend verändert. Der Maßstab ist nicht mehr das, was äußerlich Eindruck macht. Auch Jesus, den Messias, habe ich vielleicht einmal so beurteilt, aber das ist Vergangenheit«

(Berger 252). Jetzt ist der Maßstab der Beurteilung Jesu nicht mehr Macht, Reichtum, Wissen und Anerkennung, sondern Versöhnung und Gnade. Berger folgert daraus: »Wer ›dem Fleische nach‹ urteilt, besser: ›nach schwacher Menschenart‹, der hält sich an bürgerliche Maßstäbe von Macht. Er hat noch nicht verstanden, dass die wahre Größe allein von dem abhängt, was Gottes eigener Größe entspricht. Das ist vor allem Liebe, und sie ist allein ewig wie Gott selbst, und sie ist auch die Kraft, die Paulus zu seinem Dienst antreibt« (Berger 252).

Paulus geht dann von der Beurteilung Jesu weiter zu der Frage, wie wir andere einschätzen. Und auch da geraten wir in die Gefahr, sie nach rein menschlichen Maßstäben zu beurteilen, nach ihrem Aussehen, nach ihrer Fähigkeit zu sprechen, nach ihrem Erfolg, nach ihrer Geltung in der Gesellschaft. Wir projizieren oft unsere eigenen verdrängten Leidenschaften und Triebe auf die anderen. Paulus aber meint, wir sollten die Menschen so beurteilen wie Jesus. Wir sollten jeden als Bruder oder Schwester Jesu sehen. Oder, wie Benedikt es seinen Mönchen rät, in jedem Bruder und in jeder Schwester Christus selbst sehen. In jedem wohnt Christus. Das macht die eigentliche Würde des Menschen aus. Das Äußere ist nicht entscheidend, sondern der innere Mensch, von dem Paulus kurz zuvor gesprochen hat.

Der dritte Gedanke: Ist einer in Christus, ist er eine neue Schöpfung. Paulus greift hier ähnlich wie in 2 Korinther 4,6 wieder auf die Schöpfungstheologie zurück. Das Licht, das in uns leuchtet, entspricht dem Licht, das Gott am Anfang der Welt von der Finsternis geschieden hat. Die neue Schöpfung geschieht da, wo Menschen in Christus sind. Klauck beschreibt diese Neuschöpfung so: »Wo Menschen ein Leben für andere führen, repräsentieren sie den endzeitlichen Neuentwurf, den Gott im Sinn hat. Da wird die alte Welt verwandelt, und neue Schöpfung ist im Umriss zu erahnen« (Klauck, Brief 55). Mit dem Bild der neuen Schöpfung greift Paulus auf prophetische Texte des Alten Testaments zurück, vor allem auf Jesaja 43,18f. Dort heißt es: »Denkt nicht mehr an das, was früher war, auf das, was vergangen ist, sollt ihr nicht achten. Seht her, nun mache ich etwas Neues. Schon kommt es zum Vorschein, merkt ihr es nicht?« Für mich bedeuten das nicht nur, dass ich eine neue Lebensweise praktiziere, sondern dass in mir etwas neu geworden ist. Dieser Text hat für mich eine therapeutische Dimension. Wir haben oft das Gefühl, dass wir festgelegt sind durch unsere Vergangenheit, durch die Lebensmuster, die sich in uns eingebildet haben, durch die Verletzungen und Einschränkungen, die wir in unserem Leben erfahren haben. Doch Paulus spricht uns zu: Wenn wir in Christus sind, ist etwas in uns neu geworden. Wir selbst sind neu geworden, erneuert, neu geschaffen. Wenn wir dem trauen, fühlen wir uns anders. Evagrius Ponticus empfiehlt diesen Text zur Meditation, wenn man sich nicht gut fühlt, wenn man meint, dass man die Last der Vergangenheit mit sich herumschleppt und dass einen diese Last bedrückt und am Leben hindert. Dann sollen wir uns sagen: »Ist einer in Christus, ist er eine neue Schöpfung.« Das Wort verwandelt unsere Selbstwahrnehmung. Wir trauen dem Neuen, das in uns ist, und fühlen uns wie neu geboren. Manche meinen, das seien doch bloß Worte. Aber sie können Neues schaffen und bringen uns in Berührung mit Christus, der in uns ist. Christus ist immer neu, unverbraucht, weil göttlich.

So wollen die Worte des Apostels Paulus uns zu einem neuen Leben einladen, zu neuen Verhaltensweisen, aber auch zur Erfahrung des Neuen und Unverbrauchten, Unverfälschten, Göttlichen in uns. Es sind Worte, aus denen wir leben können, die unser Leben verwandeln, die einen neuen Geschmack in unser Leben bringen.

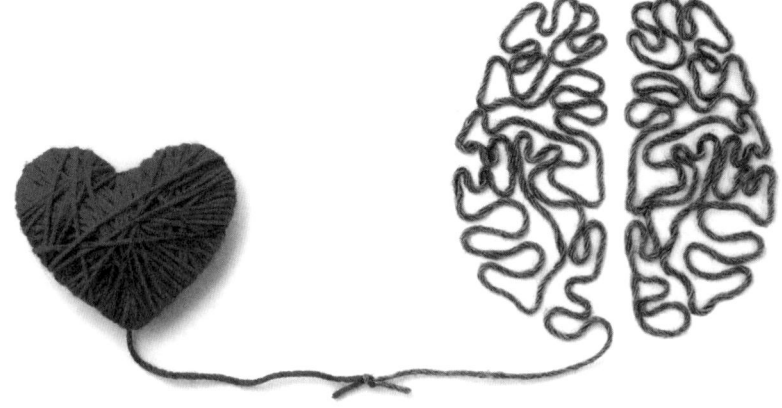

Anselm Grün

Die Botschaft von der Versöhnung

2 KORINTHER 5,18-21

Die christliche Botschaft ist wesentlich eine Botschaft der Versöhnung. Zur Zeit des Paulus war dieser Begriff jedoch alles andere als »unbelastet«, sondern im Gegenteil ein politischer Begriff. In der hellenistischen Literatur wird in dieser Hinsicht häufig das Wort *katallasso* gebraucht: »Meistens geht es um politische Versöhnung, also die Ersetzung eines feindlichen, kriegerischen durch ein freundliches, friedliches Verhältnis zwischen Gruppen, etwa durch den Abschluss eines Friedensvertrags. Es gibt aber auch Belege für die Versöhnung zwischen Individuen, etwa wenn zerstrittene Ehepartner zu einem friedlichen Eheleben zurückkehren« (Schmeller 328f). Paulus bezieht das Wort, das eigentlich aus der Diplomatensprache kommt, nun auf das Verhältnis zu Gott. Zwischen Gott und den Menschen herrschte Feindschaft, nicht von Gott her, sondern vom Menschen her. Statt Feindschaft kann man besser sagen: Entfremdung. Der Mensch hatte sich von Gott entfremdet und daher keinen Zugang mehr zu ihm. Christus schafft nun durch seine ganze Existenz einen neuen Zugang zu Gott. Er hebt die Hindernisse aus, die zwischen Gott und den Menschen aufgebaut waren durch die Entfremdung und die Schuld. Denn wer schuldig wird, der isoliert sich von der menschlichen Gemeinschaft. Er hat das Gefühl, er gehöre nicht mehr dazu. Das gilt auch für das Verhältnis zu Gott. Er fühlt sich von ihm isoliert, schneidet die Beziehung zu Gott ab, weil er sich mit seiner Schuld nicht mehr traut, sich Gott zu nähern.

Versöhnung hat jedoch mit Sünde und Sühne nichts zu tun. Es geht vielmehr um eine neue Beziehung zwischen Gott und den Menschen.

Das drückt auch das lateinische Wort für Versöhnung aus: *reconciliatio* = die Beziehung, die Gemeinschaft zwischen Gott und den Menschen soll wiederhergestellt werden. Die Versöhnung hängt natürlich auch mit der Vergebung zusammen. Ein Mensch, der schuldig geworden ist, isoliert sich. Wenn er Vergebung erfährt, traut er sich, die Beziehung zum anderen wieder aufzunehmen. Gott hat sich in Jesus dem Menschen in einer Art und Weise genähert, dass der Mensch sich bedingungslos angenommen fühlte. Diese Erfahrung, dass Gott ihn in Jesus annimmt, so wie er ist, mit all seinen Fehlern und Schwächen und mit seiner Schuld, ermöglicht es ihm, das Angebot Gottes, mit ihm in Verbindung zu sein, anzunehmen. Und so wird die Entfremdung aufgehoben, und eine neue Beziehung – *reconciliatio* – ist möglich.

Paulus ist nun davon überzeugt, dass ihm und allen christlichen Verkündigern die Versöhnung aufgetragen ist. Indem er und indem die christlichen Prediger die Versöhnung verkünden, kommt sie bei den Menschen an. Die Worte der Versöhnung wollen aber auch angenommen werden. Wenn sie am Menschen nur vorbeigehen, wenn er sich von Gott so tief entfremdet hat, dass er sie gar nicht in sich eindringen lässt, dann erfährt er die Versöhnung auch nicht.

Gott braucht dagegen nicht versöhnt zu werden. Gott ist der Versöhnende. Die Versöhnung, die Gott in Christus bewirkt hat, zeigt sich darin, dass Gott den Menschen ihre Verfehlungen nicht anrechnet. Der Mensch, beladen mit seinen Verfehlungen, traut sich nicht, sich Gott zu zeigen. Doch da Gott die Verfehlungen nicht anrechnet, kann er sich wieder Gott nähern und die Gemeinschaft mit ihm erfahren. Gott selbst hat die Hindernisse in der Beziehung aufgehoben.

In Vers 21 spricht Paulus ein anderes Thema an: die Rechtfertigung, die im Römer- und im Galaterbrief zentral ist. Doch hier geht es nur um einen Aspekt: den »heiligen Tausch«. Christus, der keine Sünde kennt, ist für uns zur Sünde geworden, damit wir in ihm Gerechtigkeit Gottes werden. Es ist ein Bild, das Paulus hier nutzt, denn es ist nicht von Sühne die Rede. Jesus ist auch nicht das Sündopfer. Er steht vielmehr mit uns in einer Schicksalsgemeinschaft, wird mit uns Sündern solidarisch. Am Kreuz erfährt er die ganze Wucht menschlicher Sünde: den Verrat der Sadduzäer an die Römer, die Feigheit des Pilatus, die Grausamkeit römischer Soldaten. Aber er reagiert darauf nicht mit Hass oder Härte, sondern mit Liebe. Man könnte sagen: In seiner Liebe nimmt er der Sünde ihre Macht. Und so können wir im Blick auf das Kreuz, in dem die Sünde durch die Liebe überwunden wird, darauf vertrauen, dass uns nichts mehr von Gott trennt. Wir haben durch Christus Anteil an der Gerechtigkeit Gottes. Das heißt: Gott rechnet uns unsere Verfehlungen nicht an, so wie er sie dem Paulus nicht angerechnet hat, der die Christen anfangs verfolgt hat. Deshalb konnte er zum Verkündiger der Botschaft von der Versöhnung und von der Gerechtigkeit Gottes werden. Die Gerechtigkeit Gottes meint, dass Gott den Menschen ihre Sünden nicht anrechnet, sondern ihnen Anteil gibt an der Gemeinschaft mit ihm. Gott bricht den Bund nicht, den er mit den Menschen geschlossen hat, auch wenn diese durch ihre Schuld es immer wieder taten und tun. So können wir am Kreuz die Gerechtigkeit Gottes erfahren. Sie beinhaltet zum einen Versöhnung: Das Kreuz hebt die Entfremdung zwischen Gott und Mensch auf. Denn am Kreuz ist Jesus in die tiefste Dunkelheit und Bosheit der Menschen hineingeschritten, um diese Dunkelheit durch das Licht seiner Liebe zu erhellen. So dürfen wir uns im Blick auf das Kreuz bedingungslos geliebt fühlen. Wenn Gott uns die Schuld nicht anrechnet, müssen wir sie uns nicht ständig vorhalten und uns in Schuldgefühlen zerfleischen. Wir dürfen vertrauensvoll zu Gott aufblicken. Er nimmt uns trotz aller Schuld an. Das meint Rechtfertigung bei Paulus: Wir müssen uns das Angenommen-Werden von Gott nicht durch Leistung erkaufen, sondern wir sind bedingungslos angenommen. Das führt zu einem neuen Selbstverständnis: Wir sind nicht mehr in uns gespalten, indem wir unsere Schuld verdrängen. Vielmehr werden wir auch mit uns selbst versöhnt, weil alles in uns von Gottes Liebe, die am Kreuz sichtbar geworden ist, umarmt wird.

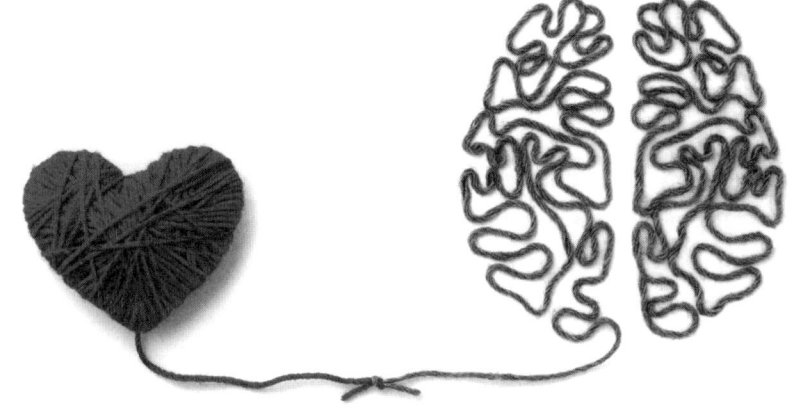

Anselm Grün

Die mystische Erfahrung

2 KORINTHER 12,1-5

In diesem Text geht es um eine Antwort auf etwas, das die Menschen in Korinth zu Paulus' Zeit immer wieder erfuhren: Manche Wanderprediger gaben offensichtlich mit ihren visionären Erfahrungen mächtig an und hinterließen bei den Korinthern einen tiefen Eindruck. Und auch, wenn Paulus zu Beginn sagt, dass das »Sich-Rühmen« eigentlich nichts nutzt, erzählt er nun von seinen eigenen visionären Erfahrungen. Paulus wählt für seine Schilderung ähnliche Bilder, wie sie in sogenannten Himmelsreisen vorkamen, die damals in der Antike sehr beliebt waren. Es gab sie sowohl im Umfeld platonischer Philosophie als auch in dem jüdischer Rabbis. Doch Paulus lässt sich nicht in detailreichen Schilderungen aus, wie das damals manche Visionäre gerne taten. Selbst wenn Paulus hier von einem Mann spricht, den er kennt, dürfen wir annehmen, dass er von sich selbst spricht. Er möchte nur den Paulus, wie er in Korinth auftritt, unterscheiden von dem Visionär Paulus. Diese Erfahrungen hat er vierzehn Jahre verschwiegen, weil er damit nicht angeben wollte. Wenn wir zurückrechnen, fand das Berichtete wohl um das Jahr 41 statt. Dieses visionäre Erlebnis ist also nicht identisch mit seinem Bekehrungserlebnis.

Paulus spricht hier vom »dritten Himmel« und vom »Paradies«. Für ihn sind das offensichtlich identische Orte. Da ist er Gott ganz nahe. Dabei scheint es für ihn keine Rolle zu spielen, ob seine Entrückung in den Himmel im Leib stattfand oder eine außerleibliche Erfahrung war. In den jüdischen Himmelsreisen wird der Visionäre oft mit dem Leib in den Himmel versetzt. Bei griechischen Himmelsreisen, wie sie seit den Vorsokratikern immer wieder beschrieben werden, wird nur die Seele in den Himmel versetzt. Der Leib bleibt auf der Erde. Paulus spricht von Worten, die ein Mensch nicht aussprechen kann, und greift auf Formulierungen zurück, wie sie in den Mysterienkulten genutzt wurden. Denn dort herrschte ein strenges Verbot, das Gehörte an »Nichteingeweihte« weiterzuerzählen. In griechischen Himmelsreisen schildern jedoch Visionäre oft sehr ausführlich, was sie alles gehört haben, und geben damit an. Paulus begnügt sich damit, zu erzählen, dass er diese unsagbaren Worte gehört hat. Er verrät sie den Korinthern nicht, weil er keine Geheimlehre, sondern das Evangelium Jesu Christi verkünden möchte. Er spricht von seinen mystischen Erfahrungen nur, damit die Korinther ihn ernst nehmen und merken, dass er mehr zu bieten hat als die Wanderprediger, die die Gemeinde so beeindruckt hatten mit ihren Erzählungen.

Die ekstatischen Erfahrungen, die Paulus im »dritten Himmel« gemacht hat, gehören in den Bereich der Mystik. Sie beinhalteten für Paulus keine Handlungsanweisung, so wie die Berufungsvision. Trotzdem ist für ihn diese Erfahrung wichtig geworden, sie ist so etwas wie »eine Zugabe, ein himmlischer Genuss«, wie es der evangelische Theologe Rudolf Bultmann formulierte. Er will damit ausdrücken, dass diese visionäre Erfahrung für Paulus nicht wichtig war. Sie hatte keine Auswirkungen auf seine Predigt. Doch das ist ein typisches Vorurteil eines Theologen, der mit Mystik nichts anfangen kann. Paulus hat bei seiner Himmelsreise eine wichtige spirituelle Erfahrung gemacht. Solche Erlebnisse darf man nicht verzwecken. Es gehört ja gerade zum Wesen der Mystik, dass sie nicht verzweckt wird. Die mystische Erfahrung ist ein Geschenk an Paulus. Aber sie ist trotzdem Teil seines Glaubenslebens. Denn sie zeigt ihm, dass er in seinem Glauben nicht einem Phantom nachläuft, sondern das, was er verkündet, erfahren hat.

Wir müssen nicht aus jedem Sein sofort ein Sollen fordern. Das wäre typisch moralisierendes Christentum. Unsere tiefste Sehnsucht geht dahin, dass wir Gott erfahren. Und in dieser ekstatischen Vision ist Paulus das offensichtlich gelungen. Er möchte das als Geschenk bewahren, mit dem er nicht angibt. Er stellt sich nicht über andere Menschen, sondern zitiert diese Erfahrungen nur, um den Korinthern zu zeigen, dass er mit den Wanderpredigern mithalten kann. Doch er möchte darüber nicht länger sprechen, sondern sich stattdessen lieber seiner Schwachheit rühmen. Die Erfahrung der Schwachheit ist ein wichtiges Pendant zur mystischen Erfahrung. Denn sonst ist man in Gefahr, sich mit seinen mystischen Erfahrungen für etwas Besonderes zu halten und sich über andere zu stellen.

Das jahrelange Schweigen des Paulus über diese Erfahrungen zeigt nicht, dass sie für Paulus nicht wichtig waren. Vielmehr ist das Schweigen ein Kennzeichen der Echtheit und der Intimität dieses Erlebens. Hildegard von Bingen hat jahrelang über ihre Visionen geschwiegen. Nur im Gehorsam zu Gott hat sie sie schließlich aufgeschrieben.

Manche Christen sind geradezu süchtig nach Visionen und Offenbarungen. Ein Zeichen, dass diese Erfahrungen echt sind, ist immer die Behutsamkeit und Vorsicht und die Demut, mit der man darüber spricht. Wer damit angibt und sich anderen gegenüber als etwas Besonderes herausstellt, der hat Gott nicht wirklich erfahren. Er hat nur seine eigene Fantasie ausgemalt. Eine wirkliche Gotteserfahrung widerfährt uns und wir können dann nur stammelnd und demütig darüber sprechen.

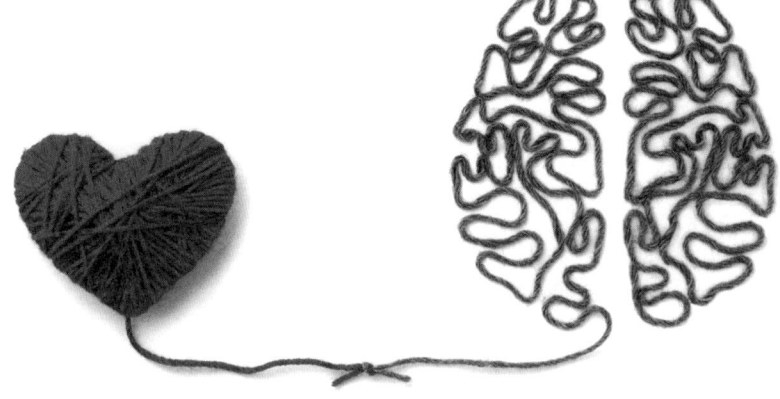

Anselm Grün

Die Erfahrung der Schwachheit

2 KORINTHER 12,7-10

Immer wieder wird in den Texten des Paulus deutlich, dass er an einer Schwäche leidet. Es ist offensichtlich eine chronische Krankheit, die sein Wirken nach außen beeinträchtigt. Seit jeher haben die Exegeten und Mediziner gerätselt, um welche Krankheit es sich bei Paulus wohl gehandelt habe. Heinrich Schlier denkt an etwas in der Art von epileptischen Anfällen. In diesem Sinn interpretiert er die Stelle im Galaterbrief: »Ihr wisst, dass ich krank und schwach war, als ich euch zum ersten Mal das Evangelium verkündete; ihr aber habt auf meine Schwäche, die für euch eine Versuchung war, nicht mit Verachtung und Abscheu geantwortet, sondern mich wie einen Engel aufgenommen, wie Christus Jesus« (Galater 4,13f). Im Griechischen steht hier das Wort *ekptyo* = ausspucken. Die Galater haben nicht vor ihm ausgespuckt. Das Ausspucken wird in Paulus Umfeld häufig als Abwehrgeste »gegen die dämonischen Einflüsse von Kranken, vor allem von Epileptikern und Wahnsinnigen, aber auch von anderen Leidenden« (Schlier, Galaterbrief 210) gebraucht. Andere sprechen von Migräneanfällen, Mediziner von Trigeminusneuralgie (vgl. Klauck, Konflikt und Versöhnung 150). Aber letztlich können wir nicht sagen, um welche Krankheit es sich wirklich gehandelt hat. Das hat den Vorteil, dass wir uns in Paulus Leiden wiederfinden können, ganz gleich woran wir kranken.

Paulus beschreibt seine Schwäche oder seine Krankheit einmal in metaphorischer und dann in mythologischer Sprache. »Das Bildwort vom ›Stachel‹ dient zur plastischen Ausmalung des Krankheitsbildes. Man spürt förmlich den stechenden Schmerz, der Paulus körperlich trifft« (Klauck, Brief 93). Dieses Bild ist eine Beschreibung der chronischen Schmerzen, unter denen Paulus offensichtlich leidet. Das zweite Bild spricht vom Boten Satans, »der mich mit Fäusten schlagen soll, damit ich mich nicht überhebe«. Das ist eher ein mythologisches Bild. Wir können es so erklären: Das Leiden hat auch eine psychische Ursache, ganz gleich, was diese sein könnte. Dämonen stehen im Mönchtum immer für verborgene Lebensmuster, die uns daran hindern, ganz wir selbst zu sein. Vielleicht ist es der Perfektionismus des Paulus, vielleicht auch seine leichte Erregbarkeit, wenn er auf Kritik stößt. Wir wissen es nicht. Aber wir können uns darin wiederfinden. Sowohl eine körperliche Krankheit als auch eine psychische Beeinträchtigung kratzt an unserem Image. Wir denken, wenn wir uns gesund ernähren und eine gute Spiritualität leben, dürften wir eigentlich nicht krank werden und müssten doch vor den Menschen selbstbewusst auftreten können. Dann dürften wir auch nicht psychisch auffällig sein. Doch gerade eine psychische Beeinträchtigung macht uns demütig. Wir sprechen vor anderen von seelischer Gesundheit und von dem Heil, das uns Christus schenkt. Aber wir leiden an unserer eigenen depressiven Veranlagung oder an unserer Zwanghaftigkeit oder an unserem mangelnden Selbstwertgefühl.

Paulus deutet seine Krankheit noch auf andere Weise. Er erkennt in ihr letztlich eine Ähnlichkeit mit Jesus Christus, dem Gekreuzigten. Das ermöglicht es ihm, sich mit seiner Schwäche und Krankheit auszusöhnen, ja darin die Gemeinschaft mit Christus zu erfahren. Die Begegnung mit Christus hat ihn von der Illusion befreit, dass er durch die Gotteserfahrung besonders stark und ausgeglichen, in sich ruhend und gesund geworden sei. Die Erfahrung Jesu Christi macht uns nicht einfach stärker und freier vor den Menschen. Sie kann uns auch in die eigene Schwäche führen. Aber gerade darin können wir die Freiheit von allen menschlichen Maßstäben erleben. Es kommt nicht mehr darauf an, wie wir auftreten, sondern allein darauf, dass Christus durch uns hindurch scheint. Christi Herrlichkeit kann gerade durch unsere

Schwäche, durch unsere neurotischen Muster, durch unsere Krankheit hindurch in dieser Welt für die Menschen aufleuchten. Diese Erfahrung führt uns in eine neue Dimension der Freiheit von den Maßstäben dieser Welt.

Ich kenne viele Seelsorger und Seelsorgerinnen, aber auch Therapeuten und Therapeutinnen, die darunter leiden, dass sie nicht so im Einklang sind mit sich selbst, wie sie das gerne wären. Sie verkünden anderen den Weg zu innerer Ruhe und Freiheit und leiden doch selbst an ihrer eigenen Unruhe und Zwanghaftigkeit. Sie zeigen anderen Wege zu einem gesunden und glücklichen Leben und spüren doch die eigene Krankheit und Schwäche. Sie sprechen von Gotteserfahrung und fühlen sich innerlich leer. Mutter Teresa war für viele ein Vorbild tiefer Frömmigkeit und christlichen Lebens. Und doch litt sie selbst an der Gottesferne und an innerer Dunkelheit. Wenn wir ähnliche Erfahrungen machen wie Mutter Teresa, dann kann uns die Beschreibung des Paulus von unseren Selbstvorwürfen entlasten. Unsere Verkündigung ist nicht verlogen, nur weil wir selbst nicht perfekt sind. Manchmal kann unsere eigene Schwäche sogar eine Hilfe sein, dass wir die Botschaft Jesu den Menschen innerlich nahebringen können, dass Christi Geist durch uns hindurch wirkt. Dann schauen die Menschen nicht auf unser selbstbewusstes Auftreten und hören nicht auf die schönen Formulierungen. Sie schauen vielmehr auf Christus und hören in unseren Worten seine Botschaft heraus.

Entscheidend ist nicht, ob wir ganz im Einklang sind mit uns selbst, ob wir von unserer Psyche und unserem Leib her ganz gesund sind oder nicht, entscheidend ist vielmehr, dass wir mit unserer Person für das eintreten, was wir verkünden. Paulus hat gerade als jemand, der an seiner Krankheit litt, das Geheimnis von Kreuz und Auferstehung Jesu in seiner ganzen Tiefe verstanden. So können wir als Menschen, die an sich selbst leiden, anderen helfen, mit ihren Wunden umzugehen. Wir verkünden dann das, was wir selbst erfahren haben. Dabei bleiben wir immer auch Suchende und an uns selbst Leidende. Das Leiden bricht uns auf, damit wir ehrlich die heilende Botschaft verkünden, anstatt uns dahinter zu verstecken als jemand, der alles weiß und alles kann. Wir müssen nicht schon am Ziel sein. Es genügt, wenn wir mit Paulus sagen können: »Nicht, dass ich es schon erreicht hätte oder dass ich schon vollendet wäre. Aber ich strebe danach, es zu ergreifen, weil auch ich von Christus Jesus ergriffen worden bin« (Philipper 3,12).

Paulus hat Jesus dreimal gebeten, dass er ihn von der Krankheit oder Schwäche befreien möge. Das dreimalige Bitten erinnert an Jesu eigenes Beten am Ölberg. Dort hat Gott ihm auch zugetraut, den Weg des Leidens zu Ende zu gehen. So traut Jesus Paulus ebenfalls zu, dass er sein Leben lang mit seiner Schwäche und Krankheit lebt. Jesus antwortet dem Apostel: »Meine Gnade genügt dir; denn sie erweist ihre Kraft in der Schwachheit.« Paulus bekommt im Gebet eine Antwort. Es ist ein Wort des erhöhten Herrn. Aber diese Antwort erfüllt nicht seine Bitte, sondern mutet ihm vielmehr zu, den Weg der Schwachheit zu Ende zu gehen. Jesus begründet seine Antwort damit, dass seine Gnade gerade in der Schwachheit ihre Kraft erweist.

So will sich Paulus seiner Schwachheit rühmen, »damit die Kraft Christi auf mich herabkommt«. Wörtlich übersetzt heißt dieser Vers: »damit die Kraft Christi in mir Wohnung nimmt« oder: »damit die Kraft Christi in mir ihr Zelt aufschlägt«. Wenn wir uns unserer Schwachheit bewusst sind, sind wir offen für die Kraft Christi, die ihr Zelt in uns aufschlagen, die in uns Wohnung nehmen möchte. Wir können diese Kraft nicht besitzen. Sie wohnt in uns wie in einem Zelt. Wenn wir versuchen, selbst Mauern des Selbstbewusstseins zu errichten, wird Christus sein Zelt in uns abbrechen und wir stehen ohne seine Kraft da.

Bernd Deininger

Selbstakzeptanz – Ein Weg zur inneren Reifung

GALATER 2,11-21

Wir Menschen erleben uns in der Regel als mit uns identisch. Wir haben somit ein Bewusstsein von uns selbst und bei näherem Nachdenken auch ein Gefühl dafür, wer wir sind und was wir wollen, was als Selbstgefühl zu bezeichnen wäre. Wenn wir mit unserem gegenwärtigen Gefühl über uns nachdenken, erfahren wir im Hier und Jetzt, dass wir aus dem Vergangenen heraus geworden sind und uns auf eine Zukunft hin weiterbewegen. Das heißt, es gibt eine Zeitdimension unseres Selbst, in der wir uns innerlich in einer Kontinuität erleben, die mit dem Gefühl von uns Selbst verbunden ist.

Um mich selbst akzeptieren zu können, muss ich von mir selbst und um mich wissen, bevor ich mich bewusst und aktiv mit mir selbst auseinandersetzen kann, um mich dann zu fragen, wer ich wirklich bin. Ein Selbstgefühl wird sich nie anders spüren und wahrnehmen lassen als auf der Grundlage, im Dasein zu sein. Dieses Gefühl, zu sein, und die Fähigkeit, dies zu erleben, hängen aus meiner Sicht wesentlich damit zusammen, dass mit dem Heraustreten des Menschen aus dem Geburtskanal und der Durchtrennung der Nabelschnur aus dem biologischen Körper ein beseelter Leib wird. Der beseelte Leib des Säuglings entwickelt sich am ersten Lebenstag dann sowohl aus inneren Quellen, die in ihm angelegt sind, als auch aus den Beziehungen zu den anderen, der Außenwelt und natürlich am intensivsten zur primären Objektbezugsperson, die meist die Mutter ist. Das Gefühl zu sein und anerkannt und gemocht zu werden, hängt deshalb sehr stark von der Beziehung ab, die der Mensch als Säugling mit der Außenwelt hat und die ihn dann in die Lage versetzt, sowohl sich selbst als different von der Außenwelt wahrzunehmen als auch ein Gefühl von sich zu entwickeln, dass er sich akzeptieren, im Dasein erwünscht und wertgeschätzt erleben kann.

Aus der psychoanalytischen Forschung wissen wir, dass dies bei vielen Menschen allerdings nicht gelingt, da schon in der vorsprachlichen Zeit, in der sich die Selbstentwicklung manifestiert, viele Störungen eintreten, die es dem Individuum schwermachen, sich als geliebt und gewünscht wahrzunehmen und deshalb auch die Möglichkeit, sich selbst zu schätzen, oft sehr gering sein kann.

Es gibt in uns Menschen aber neben der inneren Quelle, die wohl angeboren ist, und der Beziehung zu wichtigen Bezugspersonen auch noch eine innere Quelle, die uns direkt mit dem Absoluten, dem Schöpferischen verbindet. Dabei geht es darum, dass nicht nur die biologische Zeugung durch unsere Eltern für unsere Existenz verantwortlich ist, sondern dass das Geschehen, vom biologischen Körper zum beseelten Leib zu werden, etwas Übergeordnetes ist, das uns zu einer von uns nicht zu bestimmenden Zeit und einem nicht zu bestimmenden Ort ins Dasein geworfen hat. Dieses allumfassende Absolute, das verantwortlich für unseren beseelten Leib ist, bezeichnen wir in der abendländisch-christlichen Tradition als »Gott«. Neben den Bezugspersonen, die uns mit Selbstgefühl und der Fähigkeit, uns selbst zu akzeptieren, ausstatten, gibt es auch eine Beziehung zu diesem Gott und die Sehnsucht, von ihm akzeptiert und angenommen zu werden. Wie können wir das aber wahrnehmen und wie können wir spüren, wann wir von Gott angenommen und akzeptiert werden?

Diese Frage führt uns zum zweiten Kapitel des Briefs von Paulus an die Galater. Im Streit zwischen den beiden Aposteln Paulus und Petrus geht es letztendlich darum, inwieweit das Evangelium einen Wahrheitsanspruch für sich reklamieren kann. Die zentrale Frage für christliche Menschen ist: Können wir glauben, dass wir von Gott, der uns ins Dasein geworfen und mit Bewusstsein ausstattete hat, akzeptiert sind? Wenn das der Fall ist, dürfte es auch einfacher sein, sich selbst zu akzeptieren, selbst wenn Menschen in ihrer frühkindlichen Entwicklung erlebt haben, dass sie von anderen nicht akzeptiert wurden. Die Akzeptanz durch Gott hängt im Unterschied zu der durch andere Menschen nicht von der Erfüllung bestimmter Leistungen und Wünsche ab, sondern nur davon, dass Gott uns umsonst, eben aus seiner göttlichen Gnade heraus akzeptiert. Dieses Gefühl ist eine innere Sehnsucht, die wir wohl alle in uns tragen: akzeptiert und gemocht zu werden, auch von unseren Mitmenschen, nicht weil wir irgendeinen Zweck zu erfüllen haben und etwas leisten, sondern nur um unserer Selbst Willen.

Um es noch einmal zu benennen, geht es in diesem Kapitel des Galaterbriefs genau darum: Akzeptiert Gott alle Menschen aus Gnade oder müssen dafür bestimmte Leistungsanforderungen und Gesetzmäßigkeiten erfüllt werden? Kann diese Frage für uns als Menschen des 21. Jahrhunderts noch der Inhalt eines Streites sein? Ist es etwas, das uns zentral und lebensbestimmend beschäftigt? Betrifft die Frage, ob wir von Gott akzeptiert werden, uns tatsächlich? Ich glaube, dass wir ständig mit dieser Grundfrage befasst sind, ob und wie wir uns selbst akzeptieren und wie wir auch von anderen akzeptiert werden.

Die Frage der Selbstakzeptanz hängt damit zusammen, wie sehr wir uns auf uns selbst besinnen. Das Verhältnis zu uns selbst und das Bild, das wir von uns haben, hängen stark von den Beziehungen zu unseren ersten wichtigsten Bezugspersonen ab. Bei einem gutentwickelten Selbstwert und einem guten Gefühl, in der Welt stabil angekommen zu sein, bin ich als Mensch in der Lage, trotz vieler innerer Konflikte oder eigener innerer Schwächen und Unzulänglichkeiten, mich zu akzeptieren und mich letztendlich auch von Gott akzeptiert zu fühlen. Ich möchte diese Gedanken durch ein Beispiel erläutern: Ein 35-jähriger Mann kam zu mir in die Sprechstunde, da er über Monate hinweg unter Panikattacken und Angstzuständen litt und das Gefühl hatte, dass diese Angstzustände eine Strafe für sein verfehltes Leben seien.

Er habe das Gefühl, erzählte er mir, dass er es seinen Eltern nie recht machen konnte, dass er von ihnen nie Lob und Anerkennung für das, was er tat, erhielt. Einmal fragte er seinen Vater, ob es denn richtig sei, wie er lebe und arbeite. Da meinte dieser: »Wenn ich nicht offen an dir etwas kritisiere, so ist das aus meiner Sicht in Ordnung, mehr kannst du nicht erwarten.«

Seine Angstzustände wurden massiv nach dem Tod der Eltern. Zwei Jahre zuvor war der Vater plötzlich an einem Herzinfarkt verstorben, die Mutter ist ihm ein Jahr später gefolgt, da sie ein Karzinom entwickelt hatte. Kurz darauf trennte sich sein Bruder, ein sehr gläubiger Mann, von seiner Frau nach knapp 30-jähriger Ehe, was mein Patient nicht verstand. Als er mit dem Bruder darüber sprach, meinte dieser: »Ich habe mich schon lange mit dem Gedanken angefreundet, habe mich mit meiner Frau nie gut verstanden und sie nur deshalb geheiratet, weil die Eltern das wollten. Solange sie lebten, habe ich mich deshalb auch nicht von ihr getrennt.« Der Bruder berichtete ihm Ähnliches wie er es selbst erlebt hat, nämlich dass die Eltern bestimmten, wie zu leben sei und dass es keinen Widerspruch geben durfte. Mein Patient war nun in einer besonderen Situation. Er hatte Germanistik und katholische Religion studiert und an einem Gymnasium beide Fächer unterrichtet. Auf Klassenfahrten war ihm aufgefallen, dass er sich sehr stark zu jungen Männern hingezogen fühlte und dass er an Frauen kein Interesse hatte. Das Gefühl, sich für Männer, insbesondere für junge Männer zu interessieren, hat ihn sehr verunsichert und ihm das Gefühl gegeben, nicht nur von den Eltern, sondern auch von Gott nicht geliebt zu werden, da er glaubte, dass Homosexualität mit christlichem Glauben nicht vereinbar sei. So wurde ihm dies auch in seinem Religionsunterricht beigebracht. Dass er sich zudem zu jüngeren Männern hingezogen fühlte, bereitete ihm massive Ängste, da er auf keinen Fall einem Menschen schaden wollte.

Vorwegnehmen möchte ich hier, dass ich ihm im Rahmen der Therapie zeigte, dass es nicht um Pädophilie ging, sondern um junge Männer zwischen 20 und 25 Jahren, die meist 15 bis 20 Jahre jünger waren als er und denen er sich sowohl geistig als auch, was die Lebenserfahrung anging, überlegen fühlte.

Dies hatte folgenden Grund: Er wuchs in einer Familie auf, in der der Vater als Rektor einer Grundschule sowohl im Beruf als auch in der Familie eine absolute Machtposition hatte. Die Mutter hatte dem Vater nie etwas entgegensetzen können. Sie bekamen zwei Söhne im Abstand von zwei Jahren, mein Patient war der jüngere. Die Mutter hat am Ende ihres Lebens einmal zu meinem Patienten gesagt, dass sie eigentlich nie Kinder bekommen wollte, dass sie eigentlich großes Interesse hatte, in einen Orden einzutreten und dass sie nur auf Druck ihrer Eltern den Vater, der um sie geworben habe, geheiratet hatte. Sie hatte eingeräumt, dass sie sich zwar bemüht habe, ihre beiden Kinder zu versorgen, dass es ihr aber nicht gelungen war, eine emotionale Beziehung zu ihnen aufzubauen. Das Gefühl, von der Mutter nicht gewollt und vom Vater aus Statusgründen – zu einer Familie gehörten eben auch Kinder – in die Welt gesetzt worden zu sein, hat meinen Patienten schon sehr früh begleitet. Eigenständige Wünsche und Vorstellungen, wie er leben wollte, hatte er in seiner Kindheit nie äußern können. Er erinnert sich zumindest daran, dass er bis zu seiner Einschulung immer zu funktionieren hatte, dass er alle Wünsche, die die Mutter und der Vater an ihn richteten, befolgte, Ärger und Wut unterdrückte und immer bemüht war, nicht aufzufallen. Ein positives Selbstgefühl, das ihm gezeigt hätte, dass er etwas kann und anerkannt ist sowie dass es andere Menschen gibt, die sich freuen, dass es ihn gibt, hat er nie erlebt.

In der Schule war er immer Einzelgänger, hat sich rasch ausgeschlossen gefühlt beziehungsweise sich unbewusst in Situationen hineinbegeben, in denen man ihn ausschloss. Zu den altersadäquaten Peergroups hatte er daher kaum Kontakt. Zu Geburtstagen wurde er nicht eingeladen. Auch wenn er selbst Geburtstag hatte, war es den Eltern zu viel, für andere Kinder irgendetwas zu organisieren. In der

Pubertät wurde er nie zu Partys mitgenommen, er trank keinen Alkohol, war nicht sportlich. Er konzentrierte sich ganz auf schulische Leistungen, um dort gut zu sein und insbesondere dem Vater zu gefallen. Er durchlief die Gymnasialzeit problemlos und studierte dann Theologie, nachdem die kirchlichen Kreise und Jugendgruppen die einzigen sozialen Kontakte waren, die ihn zumindest ein Stück weit anerkannt hatten. Er wurde Gymnasiallehrer, hatte zumindest im Fach Deutsch Macht über Schüler, indem er Aufsätze nach seinem Geschmack bewerten konnte. Innerlich erlebte er sich aber wie ein Kind, völlig unselbstständig und ohne Selbstbewusstsein. Da es eine positiv besetzte Objektbezugsperson in der Kindheit nicht gab, die ihn so angenommen hätte, wie er war, war dies die unmittelbare Folge.

Als er dann spürte, dass er sich für Frauen nicht interessierte und sich stattdessen zunehmend zu jüngeren Männern hingezogen fühlte, die er aber nie ansprach, entwickelte er die oben beschriebenen Angstzustände und Schuldgefühle. Im therapeutischen Prozess zeigte sich, dass er keinerlei Selbstachtung oder positives Selbstwertgefühl hatte. Er lehnte sich in allen Bereichen außerhalb der Leistung ab, hielt sich für sozial gestört und für unmoralisch wegen seiner erotischen Interessen. Im Verlauf der Therapie zeigte sich, dass er sich zu jüngeren Männern hingezogen fühlte, weil er sich innerlich nicht wie ein erwachsener 40-jähriger Mann erlebte, sondern eher wie ein Junge in der Pubertät, der es nicht wagte, auf Augenhöhe mit anderen zu kommunizieren. Das Interesse für Menschen, die sehr viel jünger waren als er, hing damit zusammen, dass er sich innerlich selbst als unreif und unfertig erlebte und glaubte, dass er mit der Wahl und dem Interesse für die Jüngeren mit diesen besser kommunizieren könnte und von ihnen auch eher angenommen würde. Am stärksten erlebte er dies in seiner kirchlichen Jugendarbeit, wo er mit den 18- bis 20-Jährigen sehr viel bessere Kontakte als mit Menschen in seinem Alter hatte.

Am stärksten quälten ihn seine erotische Ausrichtung und seine sexuelle Orientierung. Dies erlebte er als Sünde und unmoralisch, deshalb verachtete und verurteilte er sich noch mehr. Immer wieder zitierte er während der Therapiestunden biblische Stellen, in denen auf die Ablehnung von Homosexualität hingewiesen wird.

Während des therapeutischen Prozesses entwickelte sich nun zweierlei. Zum einen kam es im Kontakt zu mir als Therapeuten zu einer Nachentwicklung seines gestörten Selbstwertgefühls und der Entwicklung einer stabilen Beziehung, die ihm erlaubte, Wünsche und Fantasien zu äußern, selbst wenn er die Vorstellung hatte, dass ich manches davon möglicherweise abgelehnte. Dennoch war es dann möglich, aus seiner Perspektive alles zur Sprache zu bringen, immer in dem Bewusstsein, dass die Beziehung dies trägt und aushält und dass er so angenommen wird, wie er ist. Über diese Beziehung gelang es ihm, ein Selbstwertgefühl zu entwickeln, mit dem er auch positiv auf sein Leben zurückschauen konnte und stolz darauf war, dass er trotz der Schwierigkeiten in seiner Kinder- und Jugendzeit es doch im Leben, zumindest auf der Leistungsebene, zu etwas gebracht hatte, was er anerkennen konnte.

Zurück blieb aber das Gefühl – und das war das Zweite –, trotz der Verbesserung des Selbstwerts von Gott nicht akzeptiert zu werden, da dieser ihn mit seiner Homosexualität, die er bislang nicht gelebt hatte, ablehnt. Eine entscheidende Veränderung trat ein, als er spüren konnte: Wenn er sich selbst akzeptiert und annimmt, wenn er stolz auf sich sein kann und sich mit allem, was sich in ihm innerlich abspielt, arrangiert und versöhnt, dann kann er das Gefühl entwickeln, dass Gott ihn so in die Welt geschickt und ihm einen Platz zugeordnet hat. Dieses Gefühl, dass Gott ihm einen Platz in der Welt zuordnet, so, wie er ist, hat ihn spüren lassen, dass er nicht nur von sich selbst, sondern auch von Gott akzeptiert wird. Es gab dann zwar immer wieder Stunden, wo er sich am Ende, wenn er an der Tür stand, umdrehte und mich fragte, ob er denn seine Sexualität leben dürfe und ob das dann Sünde sei. Doch dann antwortete ich: »Es ist richtig und gut, wenn du so lebst, wie dich Gott geschaffen und in die Welt geschickt hat.« Denn entscheidend ist, dass Gott ihn auch mit seiner Sexualität akzeptiert, sonst hätte er ihn anders geschaffen. Dieser kleine Dialog spielte sich auch nach mehr als zwei Jahren Behandlung immer wieder ab, bis er mir am Ende sagen konnte, dass er sich die Frage nach der Akzeptanz durch Gott nun selbst beantworten könne.

Was hat nun diese Fallgeschichte mit dem Paulustext zu tun? Sehr viel, denn darin geht es auch darum, ob wir von Gott über unsere Leistungen und die Dinge, die wir tun, akzeptiert werden, oder ob Gott uns grundlos, ohne dass wir etwas tun müssen, akzeptiert, weil wir so geschaffen und ins Dasein geworfen sind. Gott nimmt uns an und liebt uns so, wie wir sind. Das Gefühl zuzulassen und zu spüren, ist aber meist nur möglich, wenn dem das Gefühl der Selbstakzeptanz, Selbstliebe und Selbstanerkennung vorausgeht. Es ist erforderlich und nötig, dass wir als Menschen in unseren frühen Beziehungen ein gutes Selbstwertgefühl entwickeln dürfen. Dies setzt voraus, dass Autonomiebestrebungen gestärkt werden und dass es gefördert wird, sich in der Peergroup zu bewegen. Ein gutes Gefühl und Selbstakzeptanz eröffnen den Weg, sich dem Geschenk, von Gott geliebt zu werden, hinzugeben, es anzunehmen und zu spüren. Es wird dann deutlich, dass wir Problematisches in unserem Leben nicht rechtfertigen müssen, da es ein Vertrauen gibt, dass wir als Menschen so, wie wir in die Welt gekommen sind, von Gott akzeptiert werden.

Irritationen treten meist dann auf, wenn wir ein inneres Bild von uns selbst haben, das den Ansprüchen, die wir an uns stellen, nicht genügt. Entscheidend ist deshalb, diese Ansprüche zu hinterfragen: Welchen Sinn verfolgen sie? Warum sind sie so groß, so mächtig? Ist es im Kern dann nicht wie bei meinem Patienten eine Identifikation mit dem Vater, der mit ihm als Sohn nie zufrieden war? Dies gilt es dann zum Beispiel in einem therapeutischen Prozess zu verstehen. Das heilende und großartige am christlichen Gott, das weit über einen therapeutischen Prozess hinausgehen kann, ist, dass trotz aller Unsicherheiten und Widersprüchlichkeiten, trotz aller Risse und Brüche in unserem

Leben die Gewissheit, von Gott bejaht und akzeptiert zu sein, und zwar umsonst und ohne Vorleistung, das tragende Gefühl ist. Vielleicht ist das für den Einzelnen, der dies spürt, eine beglückende Erfahrung, die durch kaum etwas anderes zu ersetzen ist.

Paulus hat diese Kraft und dieses Gefühl, von Gott ohne Leistung akzeptiert zu werden, in seinen Worten so ausgedrückt, dass Christus in ihm lebt. Diese Vorstellung lässt uns zu uns selbst Ja sagen und uns selbst akzeptieren. Weder ich noch ein anderer Mensch kann als Letztbegründungsinstanz meiner selbst fungieren. Das vermag nur Gott, und zwar deshalb, weil nur er allein mit mir und für mich da sein will und nicht ohne mich.

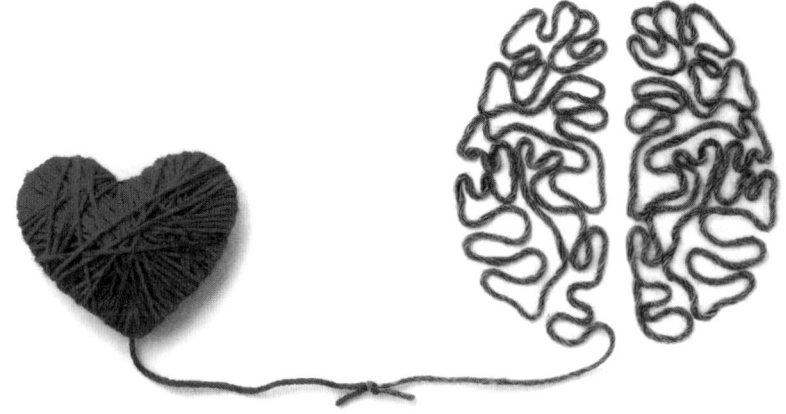

Bernd Deininger

Ich bin auch ein Teil des anderen

GALATER 3,23-28

Wenn wir aus dem Mutterleib austretend das erste Mal geatmet haben und uns durch einen Schrei auf der Welt anmelden, so wissen wir erst einmal nicht, wer wir sind und was die Welt, die um uns herum ist, bedeutet. In den ersten Wochen und Lebensmonaten unserer irdischen Existenz gelangen wir ganz langsam und schrittweise zu einer Erkenntnis darüber, was wir sind und was wir werden wollen. Dies gelingt aber nur, wenn wir als Individuen zu unserer Außenwelt eine Beziehung aufbauen. Am Anfang ist die Zweierbeziehung zu einer positiv besetzten Objektperson am wichtigsten. Durch sie lernen wir, dass zwischen uns selbst und der Außenwelt eine Differenz besteht, dass zwischen Ich und Nicht-Ich eine Schranke besteht. In den ersten Lebenswochen und Monaten entwickelt sich so etwas, das wir mit Selbstwertgefühl und Selbstbewusstsein bezeichnen. Damit sich dies entwickeln kann, ist es nötig, dass wir von unserer wichtigsten Bezugsperson in eine stabile Beziehung eingebettet werden. Stabil heißt, dass sich der andere, der für uns Fremde, um uns kümmert, unsere Bedürfnisse nach Nahrung und Geborgenheit erfüllt und uns das Gefühl gibt, dass wir auf der Welt willkommen sind und zwecklos geliebt werden. Dies sind wichtige Bedingungen, die für ein stabiles Selbstwertgefühl sorgen.

Im Weiteren lernen wir auch durch den anderen und durch mehrere andere, was die Welt um uns herum bedeutet: Wie Gegenstände bezeichnet werden, was der Unterschied zwischen Menschen, Tieren, Pflanzen und anderen Gegenständen ist. Mit der Entwicklung der

Sprache beginnen wir immer stärker zu differenzieren und die Welt in ihrer Vielschichtigkeit wahrzunehmen.

Alles hängt aber am Anfang von anderen Menschen ab. Sowohl, was das eigene Selbst betrifft, als auch die Fähigkeit, die Außenwelt zu unterscheiden. Ergebnisse der Säuglingsforschung und der Untersuchung von Hirnstrukturen haben für die ersten zehn Lebensmonate faszinierende Ergebnisse gebracht. Bei Säuglingen, die in stabilen Beziehungen aufwachsen, entwickeln sich die neuronalen Hirnstrukturen, die im Erwachsenenleben für Denken, Fühlen und Wollen verantwortlich sind und im präfrontalen Kortex (einem Abschnitt der Großhirnrinde) lokalisiert sind, um ein Vielfaches besser, als wenn Säuglinge in instabilen Beziehungen aufwachsen müssen. Instabile Beziehungen sind zum Beispiel dann gegeben, wenn die primären Bezugspersonen selbst eingeschränkt sind und der Versorgung und der Anerkennung des Säuglings nicht nachkommen können.

Wir sind als Menschen in die Welt hineingeworfen, ohne dass wir in irgendeiner Form eine Mitsprache hätten, zu welcher Zeit, an welchem Ort und unter welchen Bedingungen und Beziehungen wir aufwachsen. Das heißt also, ob wir in Europa, in Afrika oder Asien aufwachsen, mit welcher Hautfarbe und in welche Kultur wir hineingeboren werden, hat mit uns als Person erst einmal nichts zu tun. Wir haben darüber keine Entscheidungsgewalt.

Ob wir also, wie es im Galaterbrief heißt, als Jude oder Grieche, als Sklave oder Freier, als Mann oder Frau geboren werden, entscheiden wir nicht selbst, sondern wird für uns entschieden. Lediglich eines eint uns, nämlich dass wir durch die Zeugung von unseren menschlichen Eltern einen biologischen Körper und einen beseelten Leib zur Verfügung haben. Was ich mit »beseeltem Leib« meine, ist etwas, das uns als Menschen gemeinsam ist und verbindet: die Welt mit Bewusstsein, Geist und Vernunft wahrzunehmen, über uns und andere nachzudenken, uns auf Beziehungen einzulassen und zu erkennen, dass das menschliche Leben, gerade weil es Bewusstsein hat, ein Geschenk ist, das weit über die menschlichen Möglichkeiten, die unsere Eltern hatten, hinausreicht. Unabhängig von allen äußeren Gegebenheiten und unterschiedlichen Startpositionen eint uns, dass wir einen beseelten Leib erhalten haben. Viele sind der Überzeugung, dass wir ihn von einer schöpferischen Kraft, die wir Gott nennen, bekommen haben, die die Fähigkeit hat, aus unbelebter und anorganischer Materie organisches Leben zu erzeugen und uns als Menschen mit Bewusstsein ausgestattet hat.

Nun gilt es in unserem erwachsenen Leben nicht nur zu anderen, sondern auch zu uns selbst in eine Beziehung zu kommen. Dies hängt, wie ich eingangs beschrieben habe, sehr stark von den Möglichkeiten ab, die jeder Mensch durch seine psychische Entwicklung mitbekommt. Grundsätzlich gibt es aber wohl in jedem Menschen ein Gefühl dafür, was gut und böse, sozial und unsozial, moralisch und unmoralisch ist. Jeder Mensch trägt ein Selbstbild in sich, das er in der Regel für ideal hält. In der Realität des Lebens entspricht es aber oft nicht dem, was wir von uns selbst erwarten. Häufig müssen wir feststellen, dass zwischen unserem idealen Selbstbild und den tatsächlichen Möglichkeiten, die uns das Leben bietet, eine große Lücke klafft. Diese Lücke kann sich noch vergrößern, wenn das Unvermögen, dem Ideal nachzukommen, in Enttäuschung und Hass auf das eigene Selbst umschlagen. Die Enttäuschungen entstehen meist dann, wenn wir unsere eigenen Grenzen und Einschränkungen, die wir aufgrund unserer Entwicklung erlebt haben, nicht akzeptieren wollen und nicht aushalten können.

Paulus spürte diese seelische Not zwischen idealem Selbst und den Möglichkeiten des Tuns und stellte fest, dass er sich daraus nicht befreien konnte. Er fühlte, dass er sich aus seiner seelischen Not erlösen lassen musste. In seinem Glauben sah er eine Möglichkeit dazu, und so verwandelte er sich in seinem Leben von Grund auf. Paulus hat erkannt, dass gerecht und gut zu handeln nicht ausschließlich vom Menschen ausgehen kann, sondern auch darauf beruht, dass Gott uns aus

Gnade und umsonst gerecht gemacht hat. Letztendlich hat er aber aufgrund seiner persönlichen Erkenntnis auch die seelischen Nöte und inneren Konflikte der anderen verstanden und wahrgenommen, dass er nur zu sich selbst kommen kann, wenn er sich den Konflikten und Schwächen in seinem eigenen Inneren stellt.

Für uns heute müssen wir aber noch einen Schritt weiter gehen. Ich bin nicht der Meinung, dass der christliche Glaube allein uns zu ändern vermag, vielmehr bedarf es daneben noch einer Selbsterfahrung und der Bereitschaft, sich seinen verdrängten, unbewussten Seiten zu nähern. Das heißt zum einen, mir einzugestehen, dass ich mir selbst nur in Teilen bekannt und vertraut bin. Ich muss wahrnehmen, dass es in mir abgespaltene, unbewusst gewordene, konflikthafte Anteile meiner Person gibt, die mir fremd sind und zu denen ich aus eigener Kraft keinen Zugriff erhalte. Auch wenn ich wollte, ich könnte diese mir unbewussten Anteile nicht integrieren. Diese Seiten in mir sind aber dennoch wirksam und bringen mich zu Selbstrechtfertigungen, aber noch häufiger zu Projektionen, bei denen ich meine negativen verdrängten Anteile an anderen erkenne und wahrnehme. Es kann dann Situationen geben, in denen ich andere Menschen bekämpfe und mich über sie errege, weil ich die Eigenschaften oder Verhaltensweisen an mir selbst nicht wahrhaben will. Das bedeutet also, dass ich nicht nur den anderen oder den Fremden brauche, um mich am Anfang meiner irdischen Existenz zu entwickeln, sondern den anderen, den Fremden auch später im Leben brauche, um meine eigenen verdrängten Anteile an ihm wahrzunehmen.

Paulus hat nun durch eine Form von Selbstanalyse vielleicht ähnlich wie Sigmund Freud erkannt, dass er eigene verdrängte Anteile beim anderen sah und dass es ihm durch den Glauben gelang, ein Mensch zu werden, der auf andere eingehen, sie besser verstehen, aber auch sich selbst besser verstehen konnte. Das gelingt uns in der Regel nicht. Wir können zwar über unsere Lücke zwischen Selbstideal und äußerer Realität nachdenken und diese wahrnehmen, aber nur bedingt die in unserem Unbewussten wirkenden destruktiven Anteile verstehen. Das ist in der Regel nur in einem therapeutischen Prozess möglich. In der Beziehung zwischen Therapeuten und Patienten können Konflikte in der Beziehung zur Sprache kommen, die ihren Grund und ihre Quelle in verdrängten Konflikten aus der individuellen Lebensgeschichte des Patienten haben. Dass eine therapeutische Beziehung wirkt und dass über das Sichtbarmachen von unbewussten Prozessen bei dem betreffenden Menschen eine Annäherung an seine Schattenseite stattfindet, hängt aber nicht nur mit den menschlichen Möglichkeiten zusammen. Es stellt sich auch ein, was Paulus meint: »Gott macht uns aus Gnade, wenn wir nur wollen, umsonst gerecht«, was in einer Therapie spürbar werden kann.

Um diesen Sachverhalt etwas verständlicher zu machen, berichte ich von der Lebensgeschichte einer Frau, die bei mir in einer Gruppentherapie war. Im Erstkontakt berichtete sie, dass sie unter einer schweren Depression leide, sie habe keinen Antrieb mehr, keine Initiative, etwas zu unternehmen oder in Gang zu bringen, habe ihre sozialen Kontakte fast völlig eingestellt und erhebliche Selbstwertzweifel, da sie in vielen Lebensbereichen versagt habe. Sie sehe letztendlich keinen Sinn mehr in ihrem Leben.

Aus der Lebensgeschichte ist erwähnenswert, dass sie als uneheliches Kind geboren wurde, die Mutter war bei ihrer Geburt 18 Jahre alt gewesen, zum Vater hatte sie keinen Kontakt gehabt. Er war zwanzig Jahre älter als die Mutter und verheiratet. Mit ihrer Mutter hatte er wohl nur eine Nacht verbracht und dann keinerlei Interesse mehr an ihr oder auch an ihrem Kind gehabt. Die Mutter hatte sie nicht selbst aufgezogen, sondern in eine Pflegefamilie gegeben. Erst als sie 16 Jahre alt war, hatte sie die Mutter zu sich genommen. Diese war mittlerweile verheiratet und es gab zwei Halbgeschwister (sechs und acht Jahre alt), mit denen sie aber wenig anfangen konnte. Der Stiefvater lehnte sie ab, da sie ihn durch ihre Existenz wohl immer an das Vorleben seiner Frau erinnerte.

Sie wurde dann Altenpflegerin. Die Mutter redete ihr aber bei allem hinein, wusste immer alles besser, machte ihr ständig Vorhaltungen. Sie sagte ihr, was sie falsch mache und dass ihr Beruf extrem anstrengend sei, ohne dass man dabei etwas verdiene. Obwohl die Mutter sich um sie in ihrer Kinder- und Jugendzeit nicht gekümmert hatte, versuchte sie jetzt, ihr vorzuschreiben, wie sie zu leben habe. Daraufhin hatte es einen so starken Konflikt gegeben, dass sie mit 18 die Familie wieder verließ und sich eine eigene Wohnung suchte.

Der aktuelle Konflikt fand nun aber in ihrem Berufsleben statt. Sie hat sich als Altenpflegerin weiterentwickelt und war zuletzt stellvertretende Leiterin eines Pflegeheims. Mit ihrer Vorgesetzten hatte sie ein freundschaftliches, gutes Verhältnis. Die Leiterin lobte sie sehr und förderte ihre Entwicklung, sodass sie sich am Arbeitsplatz sehr wohl fühlte. Dann ging ihre Vorgesetzte in Ruhestand und sie übernahm kommissarisch die Leitung des Altenheims für etwa zwei Jahre. Auch in dieser Funktion erhielt sie viel Anerkennung. Am Ende der beiden Jahre bekam sie jedoch die Leitungsstelle nicht, stattdessen setzte man ihr eine etwa fünf Jahre jüngere Sozialpädagogin als Chefin vor die Nase. Die neue Vorgesetzte hatte es dann wohl nicht ausgehalten, dass sie so viel Anerkennung bekam, dass sie das Konzept, das meine Patientin auf die Freizeitgestaltung bezogen entwickelt hatte, völlig umkrempelte, alles besser wusste und die praktische Erfahrung meiner Patientin nicht honorierte. Es kam zum großen Konflikt, der so weit eskalierte, dass sie vom Träger der Pflegeeinrichtung in eine andere Einrichtung versetzt wurde. Kurz darauf war sie dann an Depression erkrankt.

Schon bei der Erhebung der Anamnese war mir klar geworden, dass die neue Chefin auf der psychischen Ebene mit der Mutter der Patientin identisch war und dass sie letztendlich mit der Chefin das Gleiche erlebt hatte wie mit der Mutter. Um ihr diese für sie unbewussten Zusammenhänge deutlich zu machen, nahm ich sie in eine tiefenpsychologische Gruppentherapie auf.

Anfangs war sie sehr zurückhaltend, bis sie nach etwa zwanzig Stunden ein Gruppenmitglied ansprach und fragte, warum sie eigentlich da sei, was der aktuelle Konflikt sei, weswegen sie in Behandlung kam, und ob sie von ihrer Lebensgeschichte etwas berichten könnte. Sie erzählte dann, dass der Vater von ihr nichts wissen wollte, dass die Mutter sie in eine Pflegefamilie gegeben hatte und dass sie, als sie mit 16 zur Mutter kam, von dieser reglementiert und bevormundet wurde, ohne dass diese eigentlich wusste, wer sie war, was sie dachte und fühlte. Als sie dann von ihrem Konflikt am Arbeitsplatz erzählte, meinte ein Gruppenmitglied, dass sich ihre neue Chefin doch genauso verhalten habe wie ihre Mutter. Zudem sei der Konflikt und die Trennung dann ähnlich wie bei der Mutter abgelaufen, weil sie diese dafür verantwortlich machte, dass sie sich als abgeschoben, unbeachtet und unerwünscht erlebte. Das Gefühl, nichts wert zu sein und keine Bedeutung zu haben, hatte sich daraus entwickelt, dass die Mutter sie nach ihrer Geburt nicht annehmen konnte, sondern zur Pflegefamilie abschob. Das hat sie der Mutter unversöhnlich nachgetragen und dies auch bei ihrer neuen Chefin auf ähnliche Weise erlebt. In der Gruppensitzung schwankte sie dann zwischen Rechtfertigungen und Vorwürfen an ihre frühere Chefin, aber machte sich auch selbst Vorwürfe, dass sie eine solche Versagerin sei.

In der Gruppensitzung wurde dann herausgearbeitet, dass sie den Beruf der Altenpflegerin deshalb gewählt hatte, weil sie in diesem Beruf hilflose und einsame Menschen versorgen und betreuen kann, sozusagen als Ersatz dafür, dass sie selbst diese Versorgung und Betreuung vermisst hatte. Ihre eigenen unerfüllten Wünsche hatte sie in ihren Beruf an den alten Menschen, die sie betreute, ausleben können. Zum Zweiten stellte sie fest, dass die neue Chefin, die eigentlich von praktischen Tätigkeiten wenig Ahnung hatte, ihr aber Vorschriften machte, sich ähnlich verhalten hat wie die Mutter. Über diese Gruppensitzung kam sie in Kontakt mit eigenen verdrängten Anteilen. Sie nahm wahr, dass ihre Berufswahl mit eigenen unbewussten Wünschen in Zusammenhang stand und dass sie der neuen Chefin ähnlich wie der Mutter nachtrug, dass diese ihre frühkindlichen Versorgungwünsche und das Gefühl, etwas wert zu sein, nicht erfüllen konnte. Im weiteren Verlauf wurde auch herausgearbeitet, dass die Mutter als 18-jährige junge Frau mit ihrer Erziehung völlig überfordert gewesen war. Zuletzt ging es daher für sie darum, dies anzuerkennen, aber auch der Mutter zu danken, dass sie sie auf die Welt gebracht hatte.

Diese Erkenntnisse und das Gefühl, sich mit der Mutter auszusöhnen, trugen dann wesentlich dazu bei, dass sie ihre Symptome aufgeben konnte. Dass sich diese Zusammenhänge in der Gruppentherapie klären ließen, ging aus meiner Sicht weit über das hinaus, was sich vordergründig ereignete. Das Verständnis, das die Patientin von den anderen Gruppenmitgliedern erhielt, und das Geschehen, das sich in dieser Sitzung atmosphärisch ereignete, hatten den Charakter einer Gnade, die ihr in diesen Momenten geschenkt wurde. Das machte es der Patientin möglich, zu vergeben, eröffnete ihr aber auch den Raum und die Freiheit, ihre eigenen verdrängten Seiten wahrzunehmen. Für uns bedeutet das, dass wir uns nicht nur am anderen und Fremden entwickeln und wahrnehmen, wer wir sind und was die Außenwelt bedeutet, sondern auch am anderen erkennen, wo unsere Schwächen und Fehler liegen. Das heißt, wir selbst sind Teile des anderen und erfüllen für den anderen dieselbe Aufgabe wie er für uns.

Wenn wir noch einmal auf den Galaterbrief zurückschauen, in dem Paulus schreibt, dass wir alle Kinder Gottes sind, unabhängig ob Jude oder Grieche, Knecht oder Freier, Mann oder Frau, so gilt das auch für uns heute. Wir sind Teile des anderen und der andere ist ein Teil von uns. Neben den menschlichen therapeutischen Interventionen, die nötig sind, um uns besser zu erfahren, spielt aber das, was wir mit »Gnade« bezeichnen können, in therapeutischen Prozessen auch immer eine Rolle. Bei aller Selbsterkenntnis, die wenigstens zum Teil in unserer Hand liegt, spüren wir auch, dass Gott uns aus Gnade gerecht macht.

Da wir die Kenntnis haben, dass stabile Beziehungen in der frühen Kindheit unser Selbstbewusstsein und unser Denken, Fühlen und Handeln befördern, ist es absolut erforderlich, auch auf die stabile Beziehung, die Gott uns anbietet, zurückzugreifen. Die stabilste Beziehung ist die zu dem, was wir absolutes Sein nennen. Diese Kraft, die uns zum bewussten Leben geführt hat, ist unveränderlich und an Stabilität nicht zu übertreffen. Entscheidend ist nur, dass wir dieses Angebot annehmen und uns darauf wie auf eine gesunde, stabile Elternbeziehung einlassen. Die Fähigkeit, dieses göttliche Angebot anzunehmen, hängt im hohen Maß mit unserer eigenen Selbsterfahrung zusammen. Je besser wir uns kennen, je weniger wir unsere Schwachheit und unsere Beschränktheit verdrängen müssen, desto mehr spüren wir, dass die stabile Beziehung zu Gott uns für uns selbst, aber auch für den anderen toleranter und weltoffener macht.

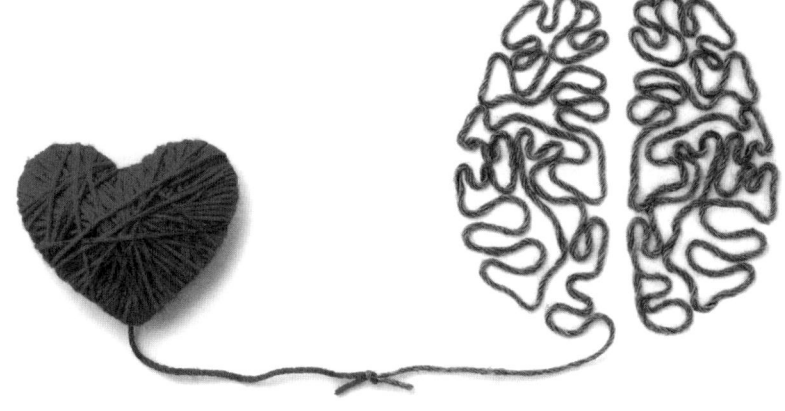

Bernd Deininger

Wir selbst sind Geschenk

PHILIPPER 4,15-19

Paulus ist mit der Gemeinde in Philippi in besonderer Weise verbunden, weil deren Mitglieder seinen Weg und seine Verkündigung empathisch mitverfolgten. In verschiedenen Lebenssituationen, in denen Paulus in Bedrängnis geriet, wurde er von den Philippern unterstützt. So auch in dem ausgewählten Text, denn Paulus hatte eine Geldspende erhalten und geht deshalb von Dank erfüllt im Schlussteil seines Briefs darauf ein. Es handelt sich in diesem Schlussteil deshalb um eine Danksagung für eine Gabe.

Der Text kann uns aber weiter dazu inspirieren, über das Wesen menschlichen Dankes genauer nachzudenken. Nähern wir uns dem Thema einmal so, dass wir vom negativen herkommend überlegen, wo Dank nicht möglich ist. Da wäre zuerst zu nennen, dass Dank nach seinem Wesen nicht gefordert werden kann. In unserer Sprache ist zwar eingesickert, dass wir jemandem Dank schulden, aber letztendlich ist dies ein Widerspruch in sich, denn wenn Dank zur Pflicht gemacht wird, so ist das ein Mittel, die Möglichkeit des Dankens im Keim zu ersticken. Wenn der Geber dem Beschenkten mit der Spekulation begegnet: »Dann musst aber auch du mir verpflichtet sein«, hat er in diesem Zusammenhang einen Dank, der von Herzen kommt, unmöglich gemacht. Denn das Wesentliche am Dank ist, dass er einen freien Empfänger voraussetzt. Wenn Dank also nur als eine freie und spontane Antwort dessen, dem Freude gemacht worden ist, verstanden werden kann, so darf es dabei nicht das Gefühl von Verpflichtung oder gar Nötigung geben. Der spontane Dank bleibt etwas nicht Einklagbares, ist aber unbedingt nötig, um den Geber, der keine Verpflichtung will und der auch dem Beschenkten nichts aufnötigt, gerecht zu werden. Im Weiteren ist zu bedenken, dass Dank auch niemals als Abgeltung verstanden werden darf. Denn gerade damit würde sich ein innerer Widerstand gegen die Gabe breitmachen, letztendlich Hochmut und Stolz auf denjenigen bezogen, der sich nichts schenken lassen will und der deshalb auch auf nichts angewiesen sein will.

Im oben genannten Brieftext geht es nicht um das Abgelten von Schulden oder gar um ein Tauschverhältnis. Paulus hat das, was er zu geben hatte, nicht verkauft, und so will er deshalb auch keinen Preis fordern. Er stellt sogar heraus, dass er die Spende nicht verlangt habe. Der Dank ist deshalb so zu verstehen, dass er sich nicht auf etwas bezieht, was Paulus der Gemeinde vermittelt hat, sondern dass die Mitglieder, die Paulus etwas schenken, die Erfahrung machen, dass im Schenken auch der Geber ein gutes Gefühl bekommt. Das könnte sich sprichwörtlich in dem Satz »Geteilte Freude ist doppelte Freude« zeigen.

In der Antike war es ein elementares Prinzip der Gerechtigkeit und eine unbedingte Pflicht, für eine empfangene Wohltat zu danken. Aristoteles hat aber darauf hingewiesen, dass für den Geber der Dank der anderen als Ausdruck der eigenen Überlegenheit gesehen werden kann. Daraus würde sich ein Abhängigkeitsverhältnis ergeben, was im Inneren des Empfangenden das Gefühl von Minderwertigkeit und Hilflosigkeit befördern könnte.

In der Behandlung eines 45-jährigen Mannes, der es zum Hochschullehrer gebracht hatte, wurde diese Situation, sich als Beschenkter ausgeliefert zu fühlen, besonders deutlich. Auffallend war, dass er in seinem Erwachsenenleben alle Situationen vermieden hatte, in denen man ihm etwas hätte schenken können. Selbst an seinen Geburtstagen oder am Weihnachtsfest versuchte er, seine Freunde und Familienangehörigen dahin zu bringen, ihm nichts zu schenken. Das Gefühl, er habe alles, was er brauche, war für ihn ganz existenziell.

Im therapeutischen Prozess war ihm wichtig, dies anzusprechen und zu versuchen, es zu verstehen. Wegen dieser Einstellung erntete er oft Unverständnis. Bei Blick auf seine Lebensgeschichte fielen ihm dann viele Situationen ein, in denen er von seiner Mutter gezwungen wurde, sich bei den entsprechenden Gebern zu bedanken, wenn er zum Beispiel als Kind zu Geburtstagen etwas geschenkt bekam. Ganz lebhaft hatte er die Situation bei seiner Kommunion in Erinnerung, wo er zu all den Menschen in dem Dorf, in dem er groß geworden war, gehen musste, die ihm etwas geschenkt hatten. Das waren dann nicht nur Verwandte, sondern auch Dorfbewohner, die die Eltern nur entfernt kannten. Er erinnerte sich noch, dass er oft mit Tränen in den Augen einen Teller mit Kuchen zu den entsprechenden Personen tragen musste, an der Tür stehen blieb, den Kuchen abgab und sich dann für das Geschenk bedankte. In seinem Inneren gab es eine starke Trotzreaktion der Mutter gegenüber, die ihn dazu zwang, diese für ihn spießroutenähnlichen Gänge erledigen zu müssen. Er fühlte sich dabei erniedrigt und hilflos, konnte sich aber gegen die Mutter nicht wehren. Dies führte dazu, dass er auch in späterer Zeit häufig das Gefühl hatte, ein Geschenk zu erhalten hieße, sich einer Pflicht zu unterwerfen, der er nicht entkommen konnte. Diese Pflicht war bei ihm immer mit dem inneren Erleben von Unterwerfung verbunden, dem er nur dann entrinnen konnte, wenn er dem Geber im Sinn einer Verrechnung oder eines Tauschgeschäftes ein noch größeres Geschenk zurückgab. Das gab ihm das Gefühl von Überlegenheit und er konnte kognitiv spüren, dass er mit seinem Gegengeschenk das erste »abgegolten« hatte.

Ursächlich lagen diesem Geschehen, das letztlich als Angst vor »Dankenmüssen« zu verstehen ist, zweierlei Aspekte zu Grunde. Der eine war die Beziehung zur Großmutter mütterlicherseits. Wenn sie ihm etwas geschenkt hatte, machte sie ihm deutlich, dass er ihr nun deshalb verpflichtet sei, ihr im Haushalt und beim Einkaufen zu helfen. Das Geschenk war also eine Verpflichtung für Handlungen, die er eigentlich nicht tun wollte, sodass der Dank für das Geschenk eigentlich gar nicht möglich war, sondern von ihm als Belastung und Qual erlebt wurde.

Ein zweiter Aspekt war der, dass die Mutter häufig im Gespräch mit der älteren Schwester oder dem Vater äußerte, dass es doch gut sei, wenn es Geschenke wie zum Beispiel Kleider oder Lebensmittel gab, da sie sich das selbst nicht leisten konnten. Das Gefühl, dass er mit dem Geschenk dann zum Almosenempfänger wurde, beeinträchtigte ihn stark in seinem Selbstwert. Ein Geschenk zu erhalten hatte für ihn bedeutet, nichts wert zu sein und nicht in der Lage zu sein, selbst für seine Bedürfnisse und Wünsche zu sorgen. Diese beiden Grundmuster versuchte er dann in seinem späteren Leben immer auszuklammern und vermied jede Situation, die ihn in diese frühen Erfahrungen zurückgeführt hätte.

Lange blieb mir in der Therapie dieses innere Erleben fremd und nur schwer einfühlbar. Es zeigte sich für mich an dieser Stelle, dass die Empathie zu den grundlegenden Dimensionen eines psychoanalytischen Erkenntnisvorganges gehört. Erst als ich die aus meinem eigenen Unbewussten aufsteigenden Gefühle verstand, nämlich dass es mir selbst sehr schwerfiel, etwas anzunehmen und ich eher in die Position des Gebers kommen wollte, war es mir möglich, die unbewussten affektiven Botschaften meines Patienten aufzunehmen. Mir wurde dann deutlich, wie wichtig es ist, zwischen Identifizierung mit den Gefühlen des Patienten einerseits und einer Distanzierung dazu andererseits zu oszillieren. Es zeigte sich weiter, dass die Schwierigkeit des Patienten, etwas anzunehmen, auch darauf beruhte, dass er in seiner frühen Entwicklung unsicher gebunden war, da die Mutter mit den insgesamt fünf Kindern sowie den eingeschränkten wirtschaftlichen Verhältnissen völlig überfordert war und ihm eher das Gefühl vermittelte, es wäre doch besser, wenn er nicht auf der Welt wäre.

Ein Gebender oder gar ein Mäzen zu sein, setzt in gewisser Weise Vermögen voraus. Mit Vermögen und Geld ist es eine eigene Sache. Es ist nötig, darüber besteht keine Differenz, und doch ist bekannt, dass Geld und Vermögen allein kein Glück verspricht. Mit Geld und Vermögen sind ungeheure Möglichkeiten verbunden, denn es erlaubt dem Einzelnen, etwas zu erwerben, was sonst nicht zugänglich wäre – Eigentum, aber auch Urlaubsreisen oder andere Erlebnisse. Vermögen steigert oft in der Gesellschaft die Macht einer Person: Je mehr Vermögen jemand hat, desto mehr vermag er, desto mehr Möglichkeiten der Selbstentfaltung hat er.

Und doch gilt auch das andere: Alles, was für Geld zu haben ist, wird zur Ware. Es ist die Tragik dessen, der alles für käuflich hält, dass er es nur noch mit Waren und deshalb mit Dingen zu tun hat, die zumindest tendenziell leblos sind. Dies kann in die Problematik hineinführen, dass Geld und Vermögen einerseits die Fülle des Lebens versprechen, andererseits aber auch Einsamkeit zur Folge haben kann. Friedrich Nietzsche hat deshalb mit seiner Überlegung dazu eine tiefe Wahrheit ausgesprochen, wenn er meint, dass all die Dinge, die etwas kosten, nichts wert seien. Er will damit ausdrücken, dass Dinge käuflich sind, dass das Lebendige und Menschliche hingegen nur als Geschenk entgegengenommen werden kann. Nicht Forderung und Abgelten, sondern Geschenk sowie freier und spontaner Dank sind die Maßstäbe des Menschlichen.

Die Römer gingen mit ihren Göttern wie mit Geschäftspartnern um. Ihre Religion war ein Tauschgeschäft. Wie sie unter sich verhandelten, so verhandelten sie auch mit ihren Göttern. Alles hatte seinen Preis, und auch die Götter waren käuflich. Dies führte dazu, dass sie letztendlich machtlose Figuren in einem allmächtigen Wirtschaftssystem waren. Das Jenseits war nicht mehr als die Überhöhung irdischer Tauschgeschäftigkeit. In der christlichen Religion, insbesondere im Neuen Testament bemerken wir durchweg die Bemühung, das Verhältnis Gott-Mensch von jedem Tauschdenken zu befreien. In der Beziehung zwischen Gott und Mensch geht es nicht darum, gute Werke oder einen rechtmäßigen Glauben zu bieten, um dafür dann belohnt zu werden. Wer meint, wegen seines »guten Lebens« von Gott Tribut zu verlangen, würde ihn wie einen Schuldner behandeln, dessen Handeln Pflicht, nicht freies Geschenk wäre. Die Beziehung zwischen Gott und Mensch muss aber im Sinn einer Gabe verstanden werden – im Unterschied zu einem eher atheistischen Gedanken: Was ich bin, bin ich aus mir selbst heraus; ich bin der Grund meiner Selbst; ich verdanke mich mir selbst. Dem steht entgegen, dass sich der christliche Mensch in seinem Ureigensten nur als Gabe verstehen kann. Er verdankt sich einzig und allein Gott, und die Gemeinschaft mit ihm erwirbt er gerade nicht durch Leistungen, er bekommt sie umsonst.

Unser Dasein lässt sich in seinem tiefsten Grund nur als nicht verrechenbares, unbezahlbares und dankbar zu empfangendes Geschenk verstehen. Das ist für uns als Menschen wichtig zu wissen, denn dieses Wissen macht es möglich, den eigenen Wert und den Wert der anderen nicht nur nach wirtschaftlichen Gesichtspunkten zu berechnen. Der Mensch als Individuum ist nicht verrechenbar und deshalb ist es auch wichtig und geradezu verpflichtend, sich dort aufzulehnen, wo der Einzelne zur Ware degradiert wird. Wenn wir als Menschen einfach vermarktet werden, kann das bedeuten, dass uns damit auch die Menschlichkeit geraubt wird. Menschliche Tätigkeiten sind nicht bloße Handelsobjekte und jederzeit ersetzbar und austauschbar. Vielmehr gilt es immer wieder zu betonen, dass jeder Einzelne etwas Einmaliges, ein Individuum ist, was insbesondere durch das Verhältnis von Gott und Mensch bestimmt ist.

Alles menschliche Schenken und Danken kann uns, das zeigt uns der Paulustext, zum Gleichnis werden dafür, dass wir uns selbst und unsere Mitmenschen nur als Gabe verstehen können, für die wir zu danken haben. Als Menschen leben wir dann, wenn wir uns beschenken lassen und uns selbst zum Geschenk anbieten. Dies ist auch eine zentrale psychoanalytische Erkenntnis. Denn wenn wir noch einmal zu meinem Patienten zurückkehren, so kann ihm die Einsicht helfen, dass er ein einmaliges Individuum ist, das über den Zeugungsakt seiner Eltern weit hinausgeht. Jeder ist zu einem bewussten Leben ins Dasein gerufen, das verdankt er nicht seinen Eltern, sondern nach christlichem Verständnis der Beziehung zwischen Mensch und Gott. Das Leben als Geschenk zu verstehen, aber damit keine Verpflichtung zu spüren, sich zu bedanken, wäre eine Erkenntnis, die jeden unabhängiger von menschlichen Verpflichtungen zum Dank macht. In der psychoanalytischen Behandlung spielt dies eine große Rolle. Bei meinem Patienten war es möglich, sein mangelndes Selbstwertgefühl so zu verstehen, dass er sich von seinen Eltern nie anerkannt und geachtet gefühlt hatte. Die Erkenntnis, dass sein Leben aber nicht nur von der biologischen Zeugung durch die Eltern, sondern auch als Geschenk von Gott zu verstehen ist, hat es ihm dann möglich gemacht, sich aus dieser Sehnsucht nach elterlicher Anerkennung zu lösen und sein Leben unabhängiger zu gestalten. Dies hat ihn in seinem Selbstwert erheblich stabilisiert. Das Gefühl, frei und ohne Verpflichtung Dank sagen zu können und sich damit von seinen Freunden und Familienmitgliedern beschenken zu lassen, hat ihn wesentlich zufriedener gemacht.

Die christliche Botschaft, die auf das Verhältnis zwischen Gott und Mensch hinweist als den Geber und den Beschenkten, ermöglicht es aus psychoanalytischer Sicht, sich aus instabilen Beziehungen zu lösen. Wir sind als Beschenkte von Gott ins Dasein geworfen. Dabei gilt es zu verstehen, dass dieses Geschenk nicht mit der Verpflichtung zum Dank verbunden ist, sondern dass es angenommen werden kann als etwas, das von Gott kommt, dem es aber nur ums Geben und nicht um eine Verrechnung oder gar ein Tauschgeschäft geht. Wem es dann gelingt, die Möglichkeiten, die ein so verstandenes Leben bietet, zu nutzen, der wird Lebensfreude und wahrscheinlich auch einen tief im Herzen empfundenen Dank spüren.

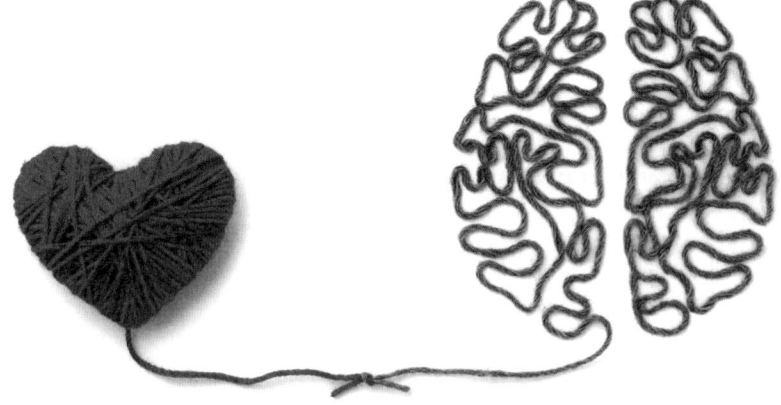

Bernd Deininger

Über den Sinn von Religion

2 THESSALONICHER 3,3-5

Wenn von einem Menschen gesagt wird: »Der hat nichts mehr zu erwarten«, dann ist es meist nicht gut um ihn bestellt. Denn nichts mehr erwarten zu dürfen, das ist so viel wie ohne Aussicht, letztendlich aussichtslos zu sein. Wer sich in einer aussichtslosen Lage befindet, spürt, dass sich Ängste einstellen – vor dem, was passieren könnte, Ängste, die eine existenzielle Bedrohung darstellen. Im Inneren entwickelt sich dann ein Gefühl von Enge, die sehr beklemmend erlebt werden kann, und dann brechen alle rationalen Möglichkeiten zusammen. Bei ruhigem Abwägen und bei Einsetzen des Verstandes zeigt sich häufig, dass Ängste sich durchaus lösen lassen. Es ist gut, innezuhalten, um im besonnenen Abwägen doch einen Ausweg oder eine Öffnung zu finden, die die beklemmende Enge zurückdrängt. Solche Ängste sind dann rasch verflogen, die Erinnerung daran verblasst, sodass die äußere Welt bald wieder in einem freundlicheren Licht erscheint.

Es gibt aber Situationen, in denen Ängste sich nicht durch Vernunft lösen lassen, da sie sich oft ohne äußeren Grund über die ganze Persönlichkeit ausbreiten und deshalb die Existenz eines Menschen bedrohen. Auch in den Krisen, die wir derzeit erleben, in denen wir vor oft religiös begründetem Terror Angst haben oder vor dem Ausbruch einer nächsten Virusepidemie, sind wir besonders hilflos, da wir nicht wissen, wann und wo und an welchem Ort auf unserer Welt irgendeine Bedrohung auftreten kann. Doch selbst diese Ängste lassen sich einem äußeren Ereignis zuordnen.

Es gibt aber auch solche, die sich auf nichts Konkretes beziehen, und dennoch in unseren Gedanken ständig Raum einnehmen, sodass uns sämtliche Freude, sämtliche Heiterkeit aus unserem Denken genommen wird und die Angst wie ein dunkler Schatten über uns liegt. Vieles erscheint uns dann finster und düster, und es stellen sich umfassende und grundsätzliche Fragen ein: »Ist das ganze Leben nicht sinnlos?« »Hat alles Tun überhaupt einen Zweck, da doch alles vergänglich und hinfällig ist?«

Wenn diese grundlegenden Fragen auftauchen, gibt es für viele Menschen Möglichkeiten, nach einigen Stunden oder Tagen dazu wieder Distanz zu finden und so mit diesen affektiven Schwankungen umzugehen. Grundsätzlich sind Angstaffekte eine angemessene intrapsychische Abwehrmaßnahme, um sich vor Gefahrensituationen zu schützen. Lediglich wenn die Angst einen pathologischen Zug bekommt, also wenn der Angstaffekt im Verhältnis zur realen Bedrohung stark übertrieben ist, kann mit den Möglichkeiten der Vernunft und des ruhigen Nachdenkens keine Veränderung mehr erzielt werden.

Auf den Tod und die Endlichkeit unseres Daseins bezogen, gibt es von normalen Reaktionen bis hin zu krankhaften, den Körper überflutenden Ängsten Abstufungen, die bei jedem Menschen eine unterschiedliche Bedeutung haben. Grundsätzlich gilt, dass dabei die frühe Bindung zwischen Mutter und Kind wesentlich ist. Wenn schon in der frühen Kindheit die Bindungssicherheit fehlt, tritt im Erwachsenenleben oft Angst auf, wobei es um das Gefühl geht, alleingelassen und schutzlos zu sein. Der Betreffende ist dann stets auf der Suche nach Sicherheit gebenden Personen oder Objekten, zum Beispiel kann ein Talisman als Übergangsobjekt hilfreich sein.

Am Ende unseres Lebens sind wir auf eine letzte Sicherheit und auf das Vertrauen, dass wir auch in unserer letzten Stunde nicht alleingelassen werden, existenziell angewiesen. Hier können normale Ängste und pathologische Ängste ineinanderfließen, sodass sie nur noch schwer auseinanderzuhalten sind. Wenn wir aber – und das zeigt die psychoanalytische Forschung – davon ausgehen, dass stabile Bindungen in unserem gesamten irdischen Leben eine große Rolle spielen, so gilt dies ebenso für unsere Beziehung zu Gott. Auch diese Bindung, wenn sie stabil und von tiefem Vertrauen geprägt ist, gibt uns angesichts der eigenen Endlichkeit zumindest partiell die Möglichkeit von Angstfreiheit.

Dieses Gefühl von bedrückender Sinnlosigkeit und Angst kannte auch der große fränkische Dichter Johann Paul Friedrich Richter, genannt Jean Paul, der 1763 in Wunsiedel geboren wurde und die meiste Zeit seines Lebens in Bayreuth verbrachte. Er brachte sie in tiefgründiger und unheimlicher Weise zum Ausdruck. In einem seiner Romane findet sich ein Abschnitt mit dem merkwürdigen Titel überschrieben: »Die Rede des toten Christus vom Weltgebäude herab, dass kein Gott sei« (aus: Blumen-, Frucht- und Dornenstücke, oder: Ehestand, Tod und Hochzeit des Armenadvokaten F. St. Siebenkäs, das erste Blumenstück).

»Jetzo sank eine hohe edle Gestalt mit einem unvergänglichen Schmerz aus der Höhe auf den Altar hernieder und alle Toten riefen: ›Christus! Es ist kein Gott?‹ Er antwortete: ›Es ist keiner‹ Da kamen, schrecklich für das Herz, die gestorbenen Kinder, die im Gottesacker erwacht waren, in den Tempel und warfen sich an die hohe Gestalt am Altare und sagten: ›Jesus! Haben wir keinen Vater?‹ – und er antwortete mit strömenden Tränen: ›Wir sind alle Waisen, ich und ihr, wir sind ohne Vater. Wie ist jeder so allein in der weiten Leichengruft des All! Oh Vater! Oh Vater! Wo ist deine unendliche Brust, dass ich an ihr ruhe? Und wenn jedes Ich sein eigener Vater und Schöpfer ist, warum kann es nicht auch sein eigener Würgeengel sein?‹« Diese Zeilen können tief erschüttern. Es ist kein Gott – wie angstauslösend könnte dieser Gedanke sein, wenn er zu Ende gedacht wird? Die Welt wäre dann tatsächlich leer und bodenlos und wir als Menschen mit unserem irdischen Leben wären ohne Halt und ohne Ziel. Denn die grundsätzliche Frage, warum überhaupt Leben ist und nicht nichts, bliebe dann völlig unbeantwortet.

Es ist kein Gott – dies ist der zentrale Gedanke, dem viele Menschen der Moderne anhängen, die sich als Atheisten bezeichnen. Meiner Ansicht nach können sich aber, wenn dieser Gedanke ernst genommen wird, für den Einzelnen Abgründe auftun, die vieles sinnlos machen und ihn zu verschlingen drohen. Dann bleiben womöglich nur noch Verzweiflung und das Nichts übrig. Der Dichter Jean Paul hat das gesehen, und seine Absicht war es, mit der zitierten Rede des toten Christus den Atheismus zurückzuweisen und ihn als eine Unmöglichkeit darzustellen, die lediglich ins Abseits führt. Der Mensch wäre dann ein Zufallsprodukt der Evolution, es gäbe keine schöpferische Kraft, die außerhalb von Raum und Zeit steht und auf die sich alles gründet, was ist. Wir wären als Menschen auf uns selbst zurückgeworfen und es gäbe für das, was wir Selbst nennen, nichts mehr, auf das es sich gründen könnte. Als Urgrund blieben nur noch Leere und das Nichts übrig.

Jean Paul stellt der Rede des toten Christus in seinem Roman »Siebenkäs« eine Einleitung voraus. Dort heißt es: »Wenn einmal mein Herz zu unglücklich und ausgestorben wäre, dass ihm alle Gefühle, die das Dasein Gottes bejahen, zerstört wären, so würd ich mich mit diesem meinem Aufsatz erschüttern und – er würde mich heilen und mir meine Gefühle wiedergeben.« Aus diesem Grund ist die Rede des toten Christus bei Jean Paul auch als ein Traum dargestellt, als ein atheistischer Alptraum, an dessen Ende es ein freudiges Erwachen gibt. Denn zum Schluss heißt es: »Meine Seele weinte vor Freude, dass sie wieder Gott anbeten konnte – und die Freude und das Weinen und der Glaube an ihn waren das Gebet.«

Eine gottlose Welt ist durchaus ein Gedanke, der zu denken ist, führt aber sehr rasch zu der Frage nach dem Sinn von Leben überhaupt und unseres eigenen Daseins. Dass wir als Menschen in manchen Lebenssituationen keinen Sinn erkennen und dass alles, was wir tun, sinnlos wird, ist durchaus möglich. Ein sinnloser Gedanke kann manchmal einen Sog ausüben, der so übermächtig ist, dass er den Einzelnen an sich zu reißen und zu verschlingen droht. Gerade wenn wir

Schicksalsschläge zu erleiden haben, ist es häufig so, als ob die Welt und das Leben von Gott verlassen worden wäre, als ob Gott der Abwesende sei, als ob es ihn gar nicht gäbe. In vielen Situationen des Lebens kann sich ein Gefühl entwickeln, von allen verlassen zu sein, auch von Gott, sodass sich bedrückende Einsamkeit entwickelt. Einsamkeit kann ebenso auftreten, wenn wir einen nahestehenden Menschen verloren haben, und auch, wenn wir realisieren, dass unsere Gefühle von anderen nicht erwidert werden oder wenn wir uns mit unseren Gefühlen nicht vermitteln können.

Einsamkeit und Ängste, die daraus entstehen und die oft miteinander verbunden sind, können uns in dunkle und unheimliche Situationen und Gefühle hineinzwingen, die nur schwer auszuhalten sind. Es gibt dann Augenblicke, die leer sind und voller Schmerz. Jede Form von Wärme, von Hoffnung ist entschwunden. Man fühlt sich ganz der Kälte, der Einsamkeit ausgeliefert und ganz besonders von Gott verlassen. In solchen Situationen kann uns der Gedanke an einen biblischen Gott nicht trösten, wenn er sich in unserem irdischen Leben unsichtbar macht. Wenn Gott wie ein blindes Schicksal über uns und unser Leben hinweggeht, hat er seine Bedeutung für viele Menschen verloren.

Dann wäre dem atheistischen Gedanken Recht zu geben, wenn er sich gegen die Vorstellung eines allmächtigen Willkürgottes wendet, der die Welt im rücksichtslosen Gutdünken regiert. Ein Willkürgott, der uns lediglich verwaltet, sollte für den aufgeklärten Menschen des 21. Jahrhunderts gestorben sein. Der Tod des Willkürgottes mahnt uns aber dazu, nach dem wahren Antlitz eines menschlichen Gottes zu fahnden, der uns nahekommt, den wir in unserer Seele, in unserem Inneren spüren können, im Gespräch mit anderen, im Hören von Musik, im Betrachten von Bildern, im Gebet und in der Meditation. Dieser Gott hat ein Antlitz der Liebe, der Gnade und der Barmherzigkeit. Gezeigt hat er sich in der Gestalt des Menschen Jesu. In ihm hat Gott die menschlichen Ängste und Schwachheiten nicht ignoriert, hat er sich selbst von unseren Ängsten und unseren Nöten in Besitz nehmen lassen. Der christliche Gott hat deshalb ein menschliches Antlitz, und wir haben deshalb auch Menschliches von ihm zu erwarten. Das zu wissen, ist Trost in der Angst, auch in der Realangst vor unserer Endlichkeit, und eröffnet in aussichtslosen Situationen Hoffnung.

Für Sören Kierkegaard ist der christliche Glaube die höchste Leidenschaft in einem Menschen. Wie kommt er zu diesem Gedanken? Wie kann sich diese Leidenschaft im eigenen Glauben zeigen? Wenn in der psychischen Entwicklung vom ersten Lebenstag an eine gute stabile Bindung vorhanden ist, dann ist dies für das ganze Leben prägend. Das gilt für vieles, was wir mit Begriffen wie »Vertrauen«, »Stabilität«, »Ehrlichkeit« und »Freude« meinen, aber auch für das persönliche Verhältnis zum christlichen Glauben. Die Macht der Vergangenheit, das, was in der Kindheit ausgeformt ist, hat Bedeutung bis in die Gegenwart und die Zukunft für jeden Menschen. Je nachdem, wo wir aufwachsen, werden wir auch durch die religiösen Traditionen der Kultur geprägt. Das gilt natürlich auch für die jüdisch-christliche Religion, mit der man verbunden bleibt, auch wenn man aus ihr heraustreten und sie hinter sich lassen will. Ich bin sogar der Meinung, dass das Heraustreten aus kulturellen Traditionen oft nur um den Preis einer teilweisen Selbstaufgabe möglich ist. Wirklich verlassen können wir sie als Menschen eigentlich nicht.

Das Dasein Gottes beweisen zu wollen, ist, aus meiner Perspektive betrachtet, nicht sinnvoll. Gott ist weder ein Gegenstand noch reiner Geist oder reines Leben. Ich bin der Auffassung: Wenn Gott ein beweisbares Dasein hätte, müsste er in irgendeiner Form ein stoffliches Substrat nach Art einer physischen Tatsache haben. Er würde dann einen Ort in Raum und Zeit benötigen. Wenn wir dies aber so denken, wäre Gott ein Objekt in unserer Welt, dem all das nicht zukommen kann, was man ihm zuschreibt.

Schon in der Antike wurde Gott als die Gegenwart des Ganzen betrachtet. Eine ursprüngliche Bewegung von allem, was irgendwie von Bedeutung ist, kann jedoch, wenn sie denn wirklich in allem sein soll, nur aus dem Inneren eines jeden kommen. Es muss aber ein Innen sein, das weder räumlich noch zeitlich zu fassen ist. Ein derartiges Innen ist Teil unserer Person. Es ist das Bei-sich-selbst-Sein des Empfindens, des Fühlens, des Denkens und des Wollens. Also die unnachahmliche, nur von jedem selbst zu erfahrende Wachsamkeit des ganzen Menschen. Dafür stehen die traditionellen Begriffe der »Seele«, »Geist« und »Willen«.

Gott als die Gegenwart des Ganzen im Ganzen des Menschen zu denken heißt: So, wie der Mensch sich ohne Seele, Geist oder Willen nicht begreifen kann, so kann er auch das Ganze des Kosmos nicht ohne Seele, Geist oder Willen verstehen. So wie der Begriff, ein Mensch zu sein, sinnlos wird, wenn wir ihn nicht auf das Ganze unserer Selbstbewegung beziehen, so wird auch der Begriff der Welt oder des Seins sinnlos, wenn wir ihn nicht als ein Ganzes nehmen, das uns gegenwärtig sein kann. Gott ist demnach die Seele, der Geist oder der Wille des Ganzen. Es gibt ihn so sicher wie es das Ganze gibt, und es gibt ihn umso mehr, als sich der Mensch als eine Ganzheit in der Vielfalt des Ganzen versteht. Gott ist damit das denkbar Größte, das uns gleichwohl denkbar nahe ist.

In Christus ist Gott als Mensch exemplarisch geworden. Er wirbt durch die erfahrene Nähe und das heißt: durch die Liebe, in der sich der Mensch Gott verbunden weiß. In der Liebe aber wird die Innerlichkeit der Person konzentriert; sie führt zu einer Steigerung der Individualität und eröffnet eben damit ein Feld praktischer Mitmenschlichkeit. Gott wird zum Bewegungsmoment des selbstbewussten Menschen, der sich in der Hinwendung zu seinesgleichen zugleich der Welt verbunden weiß.

Im 2. Thessalonicherbrief heißt es: »Harret auf Christus. Richtet eure Augen auf ihn, denn in ihm liegt der Grund eurer Hoffnung, und die Ursache des Vertrauens ist er.« Diese Aussage führt uns in das Zentrum der christlichen Religion hinein. Denn der Glaube ist nichts anderes als vertrauensvolle Erwartung und gläubige Hoffnung, die gewiss ist, dass Gott seinem einmal gegebenen Versprechen ewig treu bleibt. Immanuel Kant fand es vernunftfern, sich eine Welt ohne Gott vorzustellen. Hans Georg Gadamer hielt es für töricht, nicht zu glauben. Er sagt, das wäre, als lieferte ich mich der Verzweiflung aus, als käme mir meine Identität, meine Familiengeschichte abhanden, als sei nichts mehr übrig, nur noch das Nichts. Um diesem Nichts etwas entgegenzusetzen, brauchen wir auch in Situationen der vermeintlichen Gottverlassenheit nicht zu verzweifeln. Denn wie es Jean Paul so wundervoll ausdrückt: Es ist ein Traum, der beim Erwachen die Sehnsucht nach diesem Gott stark werden lässt.

Die historische Leistung des Christentums liegt darin, dass sie den erlebten Binnenraum, den wir als Menschen in uns spüren, erweitert und vertieft, ohne dass wir uns der Welt entziehen. Dieser erlebte Binnenraum, der sich in einer stabilen Individualität ausdrückt, die in der Akzeptanz der Gewissheit Gottes gründet, kann sich in besonderer Weise nach außen öffnen. Mitmenschlichkeit zeigt sich dann dort überzeugend, wo sie sich in der tätigen Bewältigung des Daseins entfaltet. Hierbei weist uns Paulus mit der Aussage »Harret auf Christus« einen gangbaren, sinnvollen und zu bejahenden Weg.

Bernd Deininger

Vom Gefühl der Scham und der Besonnenheit

2 TIMOTHEUS 1,7-10

Jeder Mensch kennt das Gefühl von Scham und hat es in seinem Leben in unterschiedlichen Situationen erlebt. Das Schamempfinden gehört zur menschlichen Grundausstattung. Meistens tritt es auf, wenn sich beim Einzelnen das Gefühl einstellt, etwas an ihm sei defizitär und an diesem Defizit könnten andere Menschen Anstoß nehmen. Insofern setzt das Schamgefühl kein konkretes Vergehen voraus, sondern ist eingebettet in die Beziehung zu anderen. Es ist ein soziales Gefühl, bei dem es nicht nur um ein Fehlverhalten im Sinn sozialer Ächtung geht, zum Beispiel Verletzung sexueller Tabus, Feigheit und Ähnlichem, sondern auch darum, dass eine Reaktion auf den Blick der anderen erfolgen kann, wofür der Einzelne keine Verantwortung trägt.

Aus theologischer Sicht findet sich die berühmteste Quelle, die die Scham thematisiert, in Genesis 2. Dort heißt es in etwa, dass Gott Adam eine Frau gab, beide waren nackt, aber sie schämten sich nicht. Erst als sie die verbotenen Baumfrüchte aßen, erkannten sie, dass sie nackt waren. Die Wahrnehmung ihrer Sexualität und die damit verbundene Beschreibung des Schamgefühls kann hier als Metapher für das Erwachsenwerden betrachtet werden.

Verlegen zu werden, sich zu schämen kann Unsicherheit und Angst auslösen, aber auch mit Trotz und Wutgefühlen verbunden sein. Als Menschen können wir uns vor Dingen schämen, die wir in unseren Gedanken mit uns herumtragen, weil wir selbst sie als verwerflich und unmoralisch beurteilen, sich aber aus unserem Denken nicht verdrängen lassen. Schon oft habe ich von Patienten gehört, dass sie als Geschwister dem anderen den Tod gewünscht haben oder sich wünschten, dass Bruder oder Schwester nicht mehr da oder gar nicht erst geboren wären, da er oder sie das Gefühl hat, von den Eltern zurückgesetzt und in die zweite Reihe gestellt worden zu sein. Diese Art von Geschwisterrivalität ist im Lauf der psychischen Entwicklung häufig und, auf den Einzelfall betrachtet, nachvollziehbar.

Unabhängig davon gibt es aber in vielen sozialen Situationen Gefühle von Neid und Missgunst. Sie beziehen sich auf Menschen, die erfolgreicher sind oder mehr von anderen bewundert werden. Von dem, der diese Gefühle selbst hat, werden diese jedoch häufig als beschämend erlebt. Es stellt sich aber oft ein noch größeres Schamgefühl ein, wenn andere uns vorhalten, einen Fehler gemacht zu haben oder eine Außenseiterposition zu beziehen und dafür gemaßregelt zu werden. In solchen Situationen wünschen sich die Betroffenen, sich verstecken zu können oder gar unsichtbar zu sein.

Es gibt aber auch Situationen, in denen das eigene Verhalten oder die eigenen Positionen Schamgefühle auslösen. Wenn man beispielsweise in einem Gespräch seine Meinung äußert, kann plötzlich ein Gefühl von Angst auftreten, dass diese von anderen als eigenartig bewertet wird oder gar zur Ablehnung führt. Die Folge ist häufig, dass der Einzelne zu dem, was er nach außen getragen hat, nicht mehr stehen kann, und das Bild, das er von sich selbst hat, ins Wanken gerät. Auch dies wird dann oft von Schamgefühlen begleitet.

Jede Art von Beschämung ist unterschiedlich belastend für den Einzelnen. Doch vermutlich gibt es für jeden Menschen eine individuelle innere Hierarchie der Scham, die eine große Bedeutung hat. Die meisten Menschen schämen sich, ihre Sexualität oder finanzielle Angelegenheiten nach außen zu tragen. Dies ist für uns in der Regel durchaus nachvollziehbar und einsichtig. Ich glaube jedoch, dass jene Beschämungen am tiefsten gehen, bei denen es um die innersten Überzeugungen geht, die der Einzelne für sich als das wichtigste in seinem Leben erachtet. Eine von sicherlich mehreren dieser tiefen inneren

Überzeugungen sind zum Beispiel dann offenzulegen, wenn es um Fragen des eigenen Glaubens geht.

Wenn wir von diesen inneren Überzeugungen zu reden beginnen, so kehren wir in gewisser Weise sehr verletzliche Seiten unseres Ichs nach außen. Denn wenn es um Dinge geht, die der Grund unseres Daseins sind, offenbaren wir uns letztlich mit allen unseren Sehnsüchten, Gewissheiten und Zweifeln, was einiges an Angriffsfläche bietet. Wir machen uns also angreifbar und verletzlich.

Jeder, der für seine inneren Überzeugungen einsteht und diese auch nach außen sichtbar macht, kann in Gesprächen spüren, ob er zu diesen stehen kann, das heißt, ob er tatsächlich in seinem Inneren in der Lage ist, mit Zweifeln umzugehen – den eigenen oder denen der anderen. Es ist durchaus möglich und gar nicht so unwahrscheinlich, dass ich in derartigen Gesprächen meine eigene Unsicherheit, meine Misserfolge und meine Mittelmäßigkeit spüre und dem Gegenüber dann zeige, wie angewiesen ich auf die letzte Grundlegung in meinem Dasein bin. In einer derartigen Situation bin ich selbst mit der grundlegenden Frage nach meiner eigenen Existenz, nach meinem Woher und Wohin, dem Sinn meines Lebens befasst. Wenn ich dazu stehe, dass ich die Antworten auf diese Grundsatzfragen in meinem Glauben finde, heißt das, dass ich mich ganz dem Gefühl und der Erfahrung aussetze: »Ich bin ein denkendes und geachtetes Wesen, weil du, Gott, mich magst und weil ich in deiner Liebe geborgen bin, weil du der Grund der Liebe bist und weil ich an dieser Zusage, die sich in der christlichen Religion findet, festhalten will.« Wenn ich mich so wahrnehme, auch im Sinn einer Selbsterkenntnis, geht es darum, ob ich mich dadurch bloßgestellt fühle oder ob ich mit dieser Grundüberzeugung so viel innere Kraft entwickeln kann, dass sich kein Schamgefühl einstellt. Fühle ich mich von außen unter Druck gesetzt, werde ich möglichweise für infantil gehalten, kann aber dennoch an meiner Position festhalten, brauche mich meines Glaubens nicht zu schämen.

In meinem Fühlen und Denken taucht dann wahrscheinlich auch die Gestalt des Menschen Jesus auf, der als Leitbild meines Glaubens gilt. Die Hoffnung, die ich in ihn setze, beinhaltet auch den Glauben, dass sich Gott in ihm offenbart und gezeigt hat. Dies ist eine Glaubensaussage und deshalb weder naturwissenschaftlich noch geisteswissenschaftlich zu begründen. Eine Glaubensaussage lässt sich aus meiner Sicht nur über ein Gefühl, das sich im Inneren, in den tiefsten Schichten meiner Person befindet, erspüren und nachvollziehen. Zudem sollte sich in der Begegnung mit biblischen Texten irgendwann das Gefühl einstellen, dass das, was dort geschrieben steht, stimmt und wahr ist.

Dies gilt in besonderer Weise für den oben genannten Text aus dem zweiten Brief von Paulus an Timotheus. Was spüre und empfinde ich, wenn ich höre: »Gott hat uns nicht den Geist der Furcht, sondern der Kraft, der Liebe und der Besonnenheit gegeben.« Was bedeutet das, sich nicht des Zeugnisses unseres Herrn zu schämen? Das lässt sich nur über das verinnerlichte Gefühl erklären, dass das, was in diesem Text steht, mich berührt und anrührt, mich ermutigt und stark macht und mir die Gewissheit gibt, geachtet, wertgeschätzt und geliebt zu werden. Das Bild, das Jesus als Mensch hinterlassen hat, ist ambivalent. Zum einen wird dadurch die Verletzlichkeit aufgezeigt, aber auch die Kraft, die in einem Menschen aufblitzt und die sich in der Person Jesu verdichtet. In der Vorstellung, dass sich Verletzlichkeit und Kraft gleichzeitig zeigen, stecken Demut und Anerkennung, findet sich Friede und Versöhnung.

Wir alle erleben es, dass wir uns in Konflikten verstricken und in Dialogen hilflos zerfleischen. Und doch geht es dann darum, dazubleiben, auszuhalten und das, was in Stücke zu fliegen droht, wieder zusammenzubringen und zuletzt zu sagen: »Ich bin dir wieder gut.« Dann kann sich diese eigenartige Kraft, diese Liebe Gottes zeigen, die so viel Ruhe ausstrahlt und die innerlich gelassen macht. Wenn wir uns also wegen unserer Meinungen, die wir vertreten, und insbesondere wegen unserer Glaubensüberzeugungen zu schämen beginnen, kann dieses Gefühl aufgehoben werden. Es bedarf der Gewissheit, die Liebe und das Getragensein in Gott zu spüren, sodass wir sowohl die Zweifel als auch die Scham zu ertragen und auszuhalten imstande sind.

Das kann durchaus schwierig sein, und deshalb ist es von erheblicher Bedeutung, wenn wir unsere innersten Überzeugungen, auch die des Glaubens, mit unserem Partner teilen, mit unseren Familien oder auch in sozialen Gruppen, in denen wir uns bewegen. Es gilt dann sowohl in Identifikation, aber auch in der Auseinandersetzung mit den Menschen, mit denen wir in sozialen Beziehungen stehen, die eigene Position immer wieder neu zu ordnen und auszurichten. Im Dialog und im Austausch mit anderen, die uns wichtig sind und die sich durchaus in unterschiedlicher Weise mit unseren Überzeugungen auseinandersetzen wollen, ist es besonders hilfreich und stärkend, immer wieder neu die eigenen Einstellungen zu hinterfragen und zur Disposition zu stellen. Wenn wir spüren, dass wir nicht allein sind mit unseren Ansichten und es andere gibt, denen es ähnlich geht wie uns, dann verlieren auch Schamgefühle, die sich immer wieder einschleichen können, an Kraft.

Eine Glaubenserfahrung, die man gemeinschaftlich benennt, ist etwas sehr Stärkendes und Wohltuendes. Das innere Bekenntnis, die eigene Lebensanschauung auf den christlichen Glauben zu gründen, hat deshalb auch Auswirkungen im täglichen Leben. Das heißt, wenn ich mich darauf einlasse, dass Gott uns nicht den Geist der Furcht, sondern den der Kraft, der Liebe und der Besonnenheit gegeben hat, dann hat dies unmittelbare Auswirkungen auf meinen Umgang mit mir selbst und mit anderen.

Vor einigen Jahren kam ein Mann zu mir in Behandlung, der damals 35 Jahre alt war. Er arbeitete als Ingenieur in einer großen Firma als Teamleiter und berichtete, dass er, seitdem er auf den Posten berufen worden war, zunehmend unter Ängsten leide, Schlafstörungen entwickelt habe und von Alpträumen geplagt wurde. Darüber hinaus sei ihm aufgefallen, dass er, wenn er ein Projekt vorzustellen hatte, zunehmend unter Herzrasen, Bluthochdruck und Erröten litt. Zudem hat es ihm, wenn er unter besonders großem Druck stand, des Öfteren die Sprache verschlagen, das heißt, er wollte ein Wort aussprechen und brachte es nicht heraus. Ihm fiel dann ein, dass er in der Grundschule Sprachstörungen entwickelt und gestottert hatte, wenn er von seinen Lehrern aufgerufen wurde, um Gelerntes wiederzugeben. Mit dem Beginn der Pubertät hatte sich das Stottern dann verloren.

Bei der Durchmusterung der Anamnese fiel am stärksten auf, dass er als jüngster von vier Kindern mit einem Abstand von sieben Jahren zu seiner nächstälteren Schwester geboren worden war. Die Mutter war bei seiner Geburt 41, der Vater 43 Jahre alt gewesen. Bei einem Gespräch zwischen der Mutter und der Großmutter mütterlicherseits hatte er als Kind einmal gehört, dass die Oma zur Mutter gesagt hatte: »Warum hast du denn den Jungen noch bekommen, du warst doch schon so alt, warum hast du ihn nicht abgetrieben?« Die Mutter hatte daraufhin geflüstert, dass sie den Versuch gemacht habe, er sei aber nicht geglückt. Dieses Gespräch fand kurz vor seiner Einschulung statt.

Die Mutter hatte sich dem Vater ganz untergeordnet und sich gegen dessen Dominanz und Autorität nicht durchsetzen können. Der Vater neigte zu cholerischen Ausbrüchen, es hatte auch oft Schläge gegeben. Die Mutter stand dann passiv dabei, rief zwar ab und an, er solle doch aufhören, sonst war allerdings nichts passiert. Der Vater war ihm gegenüber besonders aggressiv gewesen (wohl auch, weil er unerwünscht war), und hatte ihn, so oft es ging, kritisiert, entwertet und ihm keinerlei Liebe gezeigt. Er erinnerte sich noch daran, dass er, als er etwa fünf Jahre alt gewesen war, einmal mit einer zerrissenen Hose nach Hause gekommen war. Beim Spielen war er wohl an einem Nagel hängengeblieben, sodass ein Riss entstanden war. Die Mutter hatte daraufhin gesagt, er solle warten, bis der Vater nach Hause komme, dann würde er sehen, was passiert. Er kann sich noch an die unglaubliche Angst erinnern, die ihn überflutete. Die Mutter kümmerte sich nicht um ihn. Als der Vater nach Hause kam, hatte er vor lauter Angst in die

Hose gemacht, sodass die Hosenbeine ganz feucht waren und dies von außen gut zu erkennen war. Der Vater hat ihn dann entgegen seiner sonstigen Art nicht geschlagen, sondern seine drei älteren Geschwister dazu geholt und ihn in die Mitte des Raumes gestellt. Der Vater, die Mutter und die drei älteren Geschwister hatten dann auf ihn gezeigt, ihn verlacht und »Hosenpisser« zu ihm gesagt. Er konnte sich noch an das Schamgefühl erinnern, das er so vorher noch nie in seinem Leben gespürt hatte. Er schämte sich so sehr, dass er sich wünschte, doch nie geboren worden zu sein.

Er spürte, dass er eine solche Situation nie mehr erleben wollte. Dies hatte zur Folge, dass er in der Schule immer ein guter Schüler war, das Gymnasium erfolgreich durchlief, immer in dem Bewusstsein, einmal selbst so stark und mächtig zu werden, dass er Demütigungen aus dem Weg gehen konnte. Diese Erinnerung an den Vorfall mit dem Vater und der Beschämung konnte in der Therapie in Beziehung zu seiner aktuellen Situation gebracht werden, in der er auch vonseiten seines Vorgesetzten zu spüren glaubte, dass dieser ihn nicht ernst nahm, für einen Versager hielt und er den Erwartungen nicht entsprach, so wie es damals beim Vater war. Dies führte zu den Ängsten, den Körpersensationen sowie der Sprachstörung, die er aus seiner Kinderzeit kannte. Er konnte verstehen, dass die Arbeitssituation eine verdrängte Situation aus seiner Kindheit wieder wachrief, die ihn nun in vergleichbare emotionale Spannung versetzte wie damals als kleiner Junge.

Was aber für mich in der Therapie am erstaunlichsten und berührendsten war: dass der Patient mir nach vielen Stunden von einem Schamgefühl mir gegenüber berichtete. Er meinte, dass er etwas in sich trage, das er nicht zu äußern wage, da er Angst habe, ich könne ihn für verrückt oder zumindest sehr skurril halten. Als er dies äußerte, sagte ich ihm, dass ich es ihm überlassen würde, was er sagen wolle. Ich könne aber sein Schamgefühl gut verstehen, insbesondere, wenn ich mich in die Situation des fünfjährigen Kindes hineinversetze, das in die Hose machte. Diese Aussage hat ihn dann ermutigt, doch zu sprechen. In der Situation, in der er damals vor dem Vater stand und alle Familienmitglieder auf ihn zeigten, habe er ein so massives Gefühl von Verlassenheit empfunden, als ob er allein auf der Welt sei. Dann tauchte in ihm ganz plötzlich ein anderes Gefühl auf: Wenn ihn alle verlassen würden – seine Eltern und seine Geschwister –, gäbe es noch immer Jesus, der zu ihm stünde. Von ihm hatte er im Kindergarten immer wieder gehört. Es wurden wohl auch biblische Geschichten vorgelesen und es wurde vor dem Essen gebetet. Das Gefühl, dass es jemanden gibt, den er nicht sieht, den er aber in sich so spürt, als würde er ihn an der Hand halten, hatte ihn dann diese beschämende Situation ertragen lassen.

Der Patient berichtete weiter, dass er auch in den Folgejahren, wenn er sich in der Schule als Außenseiter oder nicht dazugehörig gefühlt habe, dieses innere Gefühl, das er als Fünfjähriger erfahren hatte, wiederkehrend spürte. Nie habe er jemandem davon erzählt. Er habe sich auch sich selbst gegenüber für diese Wahrnehmung geschämt, weil er der festen Überzeugung war, dass es dies doch eigentlich gar nicht geben könne. Im therapeutischen Prozess konnten wir dann klären, dass mit diesem Initialereignis in seinem fünften Lebensjahr eine Glaubensüberzeugung in seinem Inneren entstanden war, deretwegen er sich manchmal ähnlich schämte wie in der Situation mit der nassen Hose. Ihm gelang es aber zunehmend, zu dieser Glaubensüberzeugung zu stehen und sie nicht nur in der Beziehung zu mir in den Therapiestunden zu äußern, sondern auch in seinem unmittelbaren sozialen Umfeld.

Als weitere Folge klangen mit dem Aufgeben des Schamgefühls die anderen Symptome, die sich auf den Selbstwertdefekt aufgepfropft hatten, ab. Er konnte nach der zweijährigen Behandlung zu seiner eigenen Existenz eine positive Beziehung finden und spüren, dass er von den Eltern zwar ungewollt, aber von einer höheren Macht gewollt ins Leben gekommen war. Durch das Hineinnehmen seines Schamgefühls in die therapeutische Beziehung war es möglich, dass er eine innere Sicherheit gewann, die ihn mit großer Zufriedenheit und innerer Ruhe ausstattete. Letztendlich gelang es ihm, für sich ein Gleichgewicht zu finden.

Das weist uns, auf den Paulustext bezogen, noch auf die letzte Aussage hin: dass uns auch die Besonnenheit gegeben ist. Was kann das bedeuten? Im Neuen Testament gibt es viele Stellen, an denen zu »besonnener Mäßigung« aufgerufen wird. Dabei ist wohl an eine Lebenseinstellung gedacht. Nicht zu Askese wird aufgerufen, sondern dazu, Essen und Trinken mit Dank zu genießen. Lediglich vor Übermäßigkeit wird gewarnt. Es geht darum, sich von inneren Kräften freizumachen, die zu immer mehr, immer höher und immer weiter treiben und den Einzelnen in eine dauerhafte Unruhe versetzen. Es gilt vielmehr auszuloten, was die Lebensfreude und die Lebensqualität verbessern könnte. Materieller Besitz darf durchaus genossen werden, aber immer im Bewusstsein, dass er ein Geschenk ist, ebenso wie der Umstand, in einem Land zu leben, in dem demokratische Verhältnisse herrschen, eine unabhängige Justiz das Rechtswesen überwacht und es keine Bürgerkriege gibt.

Gleichwohl ist es wichtig, anzuerkennen, dass es in unserer derzeitigen Lebenssituation viel an Unsicherheiten und Beunruhigungen gibt. Ursache dafür sind nicht nur global auftretende Viruserkrankungen, sondern auch der Klimawandel mit all seinen Folgen. In einer Zeit, in der gerade von außen Unsicherheiten und Beunruhigungen in unseren Alltag getragen werden, ist die Sehnsucht nach Ordnung und Orientierung besonders groß. In der Gesamtgesellschaft führt dies häufig zu unsinnigen bürokratischen Vorgaben, um Sicherheit und Beruhigung herbeizuzwingen. Viele Menschen neigen dann dazu, extreme Verbote und Gebote einzuführen, die eigentlich bei genauerer Betrachtung nur wenig bis gar keinen Sinn ergeben. Was für gesellschaftliche Vorgänge gilt, kann in vielen Fällen auf individuelle Verhaltensweisen übertragen werden: Es gibt Bewegungen, in denen sich Menschen in asketische Übungen verstricken, ihre Ernährung auf das

Minimalmaß herabsetzen oder an Diäten festhalten. Der Gegenpol wäre dann das extreme Feiern, das Sich-Ausleben im Drogenrausch, in Sex und im Alkohol.

Diese Sehnsucht nach Sicherheit und Beruhigung in unsicheren Zeiten haben wir aber meist schon einmal durchlaufen. Wenn wir dabei an unsere eigene Pubertät zurückdenken, an diese Lebenszeit, in der es häufig darum geht, die eigene Lebenssehnsucht im unsicheren Schwanken zwischen der Gier, dem Wunsch, sich auszuleben auf der einen und der Verweigerung und Askese auf der anderen Seite auszuhalten. Deshalb ist es wichtig, dass in dem paulinischen Aufruf zur besonnenen Mäßigung nicht an die Vorstellungen eines bürgerlichen Mittelmaßes gedacht werden darf, sondern sich klarzumachen, dass unsere Lebenssehnsucht weder durch die Gier, sich auszuleben, noch durch Weltflucht noch durch das Hin- und Herschwanken zwischen beiden erfüllt werden kann. Es geht vielmehr um die Besonnenheit und Gelassenheit, die sich nur dort entwickeln können, wo wir uns von unserem Glaubensgrund getragen, angenommen und geliebt fühlen.

Was an dem Fallbeispiel deutlich wird, ist die Erkenntnis, dass der Glaube Zufriedenheit und ein wohltuendes Gelassensein zur Folge hat. Es ist dann nicht mehr nötig, sich zu schämen. Man kann innerlich sagen, zu wem man gehören will, und dann taucht die Gestalt des Menschen Jesus auf, in dem sich Gott offenbart hat und der uns Trost und Halt geben kann. Dies setzt aber immer ein Gefühl von Wahrheit voraus, dass nur innerlich gespürt werden kann.

Literatur

Peter Abaelard, Gespräch eines Philosophen, eines Juden und eines Christen, Frankfurt am Main 2008.

Klaus Berger, Die Briefe des Heiligen Apostels Paulus. Meditationen zu den Sonntagslesungen, Freiburg im Breisgau 2008.

Matte Blanco, The Unconscious as infinite Sets: An Essay in Bi-Logic, London 1975.

Ernst Bloch, Das Prinzip Hoffnung, Frankfurt am Main 1962.

Rudolf Bultmann, Der zweite Brief an die Korinther, Göttingen 1976.

Hans-Peter Duerr, Nacktheit und Scham. Der Mythos vom Zivilisationsprozess I, Frankfurt am Main 1988.

Michael Ermann (Hrsg.), Die hilfreiche Beziehung in der Psychoanalyse, Göttingen 1993.

Sigmund Freud, Die Zukunft einer Illusion, Gesammelte Werke 14, Frankfurt am Main 1927.

Sigmund Freud, Jenseits des Lustprinzips, Gesammelte Werke 13, Frankfurt am Main 1920.

Jürgen Grieser, Der Tod und das Leben, Gießen 2018.

James L. Griffith, Religion hilft, Religion schadet, Darmstadt 2013.

Adolf Grünbaum, Die Grundlagen der Psychoanalyse, Stuttgart 1988.

Jürgen Habermas, Theorie des kommunikativen Handelns, Frankfurt am Main 1971.

Sören Kierkegaard, Der Begriff Angst, Hamburg 1984.

Hans-Josef Klauck, Konflikt und Versöhnung. Christsein nach dem zweiten Korintherbrief, Würzburg 1995.

Hans-Josef Klauck, Die Neue Echter Bibel. 2. Korintherbrief, Würzburg 1986.

Hans-Josef Klauck, Die religiöse Umwelt des Urchristentums I. Stadt- und Hausrelilgion, Mysterienkulte, Volksglaube, Stuttgart 1995.

Hans-Josef Klauck, Anknüpfung und Widerspruch. Das frühe Christentum in der multireligiösen Welt der Antike, München 2002.

Gerhard Krause, Gerhard Müller u. a. (Hrsg.), Theologische Realenzyklopädie, Band 15, Berlin 1986.

Thomas Macho, Todesmetaphern zur Logik der Grenzerfahrung, Frankfurt am Main 1987.

Jürgen Moltmann, Gotteserfahrungen, Hoffnung – Angst – Mystik, München 1979.

Rudolf Pesch, Römerbrief, Würzburg 1983.

Josef Pieper, Über die Hoffnung, München 1949.

Christa Rohde-Dachser, Todestrieb, Gottesvorstellungen und der Wunsch nach Unsterblichkeit. Eine psychoanalytische Studie, Sonderheft Psyche 09/10 2009, Stuttgart 2009.

Jean-Paul Sartre, Das Sein und das Nichts, Reinbek 1974.

Max Scheler, Über Scham und Schamgefühl, Schriften aus dem Nachlass I, S. 55–148, Berlin 1933.

Karl Hermann Schelkle, Der Zweite Brief an die Korinther, Düsseldorf 1964.

Heinrich Schlier, Der Römerbrief, Freiburg im Breisgau 1977.

Thomas Schmeller, Der Zweite Brief an die Korinther, EKK VIII/I, Ostfildern 2010.

Günter H. Seidler, Der Blick des anderen. Eine Analyse der Scham, Stuttgart 1995.

Peter Stuhlmacher, Der Brief an die Römer, Göttingen 1989.

Helmut Thomä, Horst Kächele, Lehrbuch der Psychoanalytischen Therapie. Band I., Berlin 1985.

Robert Traub, Hans Wieser (Hrsg.), Gespräche mit Ernst Bloch, Frankfurt am Main 1975.

Peter von Matt, Liebesverrat, Die treulosen in der Literatur, München 1989.

Uwe Justus Wenzel (Hrsg.), Was ist eine gute Religion?, München 2007.

Leon Wurmser, Die innere Grenze. Das Schamgefühl – ein Beitrag zur Über-Ich-Analyse. Jahr-Buch der Psychoanalyse 18, S. 16–41, Berlin 1986.

Leon Wurmser, Die Maske der Scham. Die Psychoanalyse von Schamaffekten und Konflikten, Berlin 1990.

Marcel Zentner, Die Flucht ins Vergessen, Darmstadt 1995.

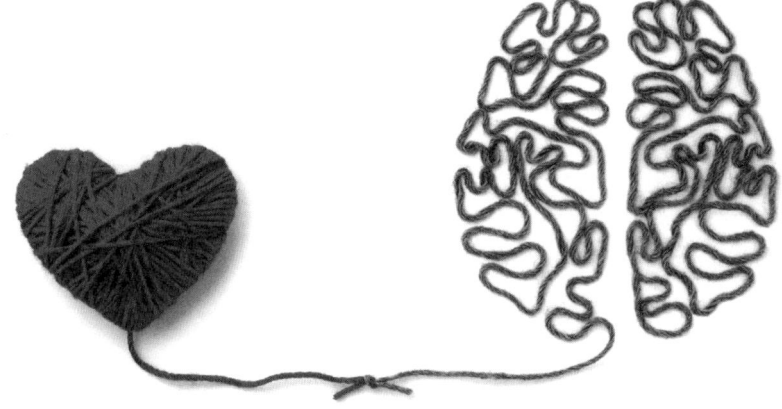

Bibliografische Information der Deutschen Nationalbibliothek

Die Deutsche Nationalbibliothek verzeichnet diese Publikation in der Deutschen Nationalbibliografie. Detaillierte bibliografische Daten sind im Internet über http://dnb.d-nb.de abrufbar.

1. Auflage 2022
© Vier-Türme GmbH, Verlag, Münsterschwarzach 2022
Alle Rechte vorbehalten

Lektorat: Marlene Fritsch
Satz: Matthias E. Gahr
Umschlaggestaltung: Finken & Bumiller, Stuttgart
Umschlagmotiv: TanyaJoy / shutterstock.com
Druck und Bindung: Pustet, Regensburg
ISBN 978-3-7365-0492-9

www.vier-tuerme-verlag.de